ここだけは押さえたい

学校臨床心理学

小林朋子
徳田克己
　編著

文化書房博文社

はじめに

　日本の憲法において、「義務」としてすべての人が通わなくてはいけない場所は唯一「学校」だけです。これだけでも、学校が子どもに果たす役割の大きさがわかります。子どもたちは学校での生活を通して、一人ひとりが、将来、社会の中で自己実現できるように支援されていきます。しかし、学校現場では、不登校、いじめや非行といった生徒指導上の問題、さらに虐待などの社会的背景が関与している問題など、子どもたちに関するありとあらゆる問題が山積しています。こうした問題に対して、寝る間も惜しんで献身的に子どもに対応し、その結果先生が燃え尽きてしまい、休職に追い込まれていくという状況も起きています。そのため、教師やスクールカウンセラーが「チーム学校」として外部機関と連携しながら対応することが求められています。そして教育関係者だけでなく、医療、保育、看護、福祉といった子どもに関係するありとあらゆるヒューマンサービスの専門家が学校という場を理解し、子どもへの支援にあたることが必要です。

　本書は教師を志す学生や現職教師だけでなく、学校という場に関連するすべてのヒューマンサービスに携わる人々に、学校臨床心理学を理解し、その基礎を身につけてもらうことを目指しています。

　本書の特長は以下の通りです。
1. 豊富な経験や見識を執筆者によって、心理学的な知見だけではなく、多様化する教育現場や社会現象をふまえて書かれています。できるだけ多くの方々にテキストとして活用してもらえるよう、文章表現を平易にし、さらに図表を活用して視覚的により理解しやすくしてあります。
2. 不登校、いじめ、発達障害など、学校で扱われることが多い対象について、特徴、アセスメントや具体的な対応などをわかりやすく説明し、すぐに実践に活用できるような内容にしてあります。また、理論的な部分

は、教育心理学、社会心理学、臨床心理学、発達心理学、精神医学の知見をもとにして、理解しやすく説明してあります。
3. 各講の最後に、その講の内容に興味を持った人がさらに自分で理解を深めることができるよう「より深く学びたい人のための参考文献」を設けてあります。
4. 各講は「読み切り」型の構成となっており、興味がある講だけを拾い読みしても十分に理解できる工夫がしてあります。

本書が、教師を志す学生、そして今、現場で子どもに関わっておられる方々が学校臨床心理学の理解を深め、日々の支援のお役にたてれば幸いです。

2018年9月

編著者代表　小林朋子

目　次

第１講	現在の学校と子どもたち	7
第２講	学校臨床心理学の内容	12
第３講	不登校	21
第４講	いじめ	31
第５講	非　行	39
第６講	発達障害	47
第７講	児童虐待	57
第８講	自殺・リストカット	66
第９講	気分障害	74
第10講	無気力	83
第11講	摂食障害	93
第12講	統合失調症	101
第13講	性の多様性	109
第14講	死別体験	118
第15講	心理アセスメント	126
第16講	観察法	135
第17講	面接法	142
第18講	性格に関するテスト	149
第19講	知能・発達に関するテスト	156
第20講	進路に関するテスト	163
第21講	教師へのコンサルテーション	170
第22講	ソーシャルスキル教育	178
第23講	心のケア	187
第24講	キャリア教育	196
第25講	保護者に対するカウンセリング	204

第26講　子どもに対するカウンセリング……………………………………… 213
第27講　保健室での心理臨床活動……………………………………………… 219
第28講　外部機関との連携……………………………………………………… 228

索　引 ……………………………………………………………………………… 235

第1講　現在の学校と子どもたち

1. 多発する少年犯罪と子どもの変化

　2003年7月1日、長崎市に住む幼稚園児（4歳）が誘拐・殺害された。被害者は将来仮面ライダーになりたいと語る元気な男児だった。事件後、中学1年の男子生徒が補導された。子どもが子どもを殺害した事件として、日本列島に衝撃が走った。近所の人の話では、少年は「おとなしい感じで普通の子」という。その一方、「先生に注意されると、よくパニック状態になっていた」との証言もあった。

　2007年には、19歳と15歳の少年がコンビニエンスストアでかごダッシュと呼ばれる万引きを行い、追いかけたアルバイト店員を刺殺する事件が起こっている。2010年には石巻市で17歳と18歳の少年が民家に侵入し女性2名を刺殺、男性に重傷を負わせる事件が起きた。それ以降も多くの少年犯罪が発生している。

　2018年に公表された「少年非行等の概要」（警視庁生活安全局）によると、2017年の少年の凶悪犯（殺人、強盗、強姦、放火）は年間438人であり年々減少傾向にある。触法行為で補導された14歳未満の少年は約8千3百人であった。

　学校や家庭から疎外された少年は重大な犯罪などに走ることがあり、自殺未遂などの自虐行為も他人を傷つける行為に転じやすいと言われている。1997年に中学3年の男子生徒が小学4年女児と小学6年男児を殺傷した神戸の事件でも暴力の対象は「弱者」である小学生に向けられたが、この少年には「自分の人生は無価値だった」という無力感が強くあった。

　現場の教師として教育改革国民会議のメンバーになった河上亮一は、現在の子どもたちの姿は大きく変化していると述べている。第一に、「ひ弱でわがま

まな子どもが増えた」と言う。ひ弱さは、生活の型をほとんど身につけていないこと、つらいことや嫌なことに直面すると精神的にも肉体的にもすぐに参ってしまうこと、非常に傷つきやすく他人とうまく関係を結べず自分の殻に閉じこもってしまうこと、元気がなく無気力でだらしないことなどに見られると言う。またわがままな点は、傷つけられたときに相手が弱いとみると激しく反撃し、暴力に限界がなくなる（キレる）こと、欲望を抑える力がなく、周囲から抑えられるとキレること、感情の起伏が激しく不安定なことなどに見られるとしている。

第二に、いわゆる「普通の子ども」が時と場合によって何でもやるようになったことを指摘している。これは少年犯罪が起きた際に、多くのケースで教師やまわりの大人が「そんなことをするような子どもではない。信じられない。普通の子どもだった。」とコメントしていることからもわかる。

2. 少子化が学校に与える影響

日本は世界有数の長寿国である一方で、出生数は年々減り続けている。少子化、高齢化が急速に進んでいるのである。**少子化**の原因にはさまざまあるが、①晩婚化の進行による未婚率の上昇、②育児の負担感、仕事と家事・育児の両立の負担感、③個人の結婚観、価値観の変化、④親から自立して結婚生活を送ることへのためらいの4つがあげられている。晩婚・未婚現象や結婚観・価値観の変化などは女性の社会進出の副産物的現象であり、ネガティブな側面だけに注目するべきではない。しかし、育児の負担感や育児と仕事との両立の負担感は子育て支援策の充実によって、また親依存現象は学校教育や家庭教育によって解決していかなくてはならない社会的課題である。

小学校と中学校の在学者の数の推移をみると、小学校では1989年96万人、1998年77万人、2008年71万人、2017年64万人、中学校では1989年56万人、1998年44万人、2008年36万人、2017年33万人であった。ここ30年ほどの間に大幅に子どもの数が減っていることがわかる。

それでは、少子化によって学校にはどのような影響があるのであろうか。中央教育審議会が2000年4月に出した「少子化と教育について」という報告では、少子化が教育に及ぼす影響として、①子ども同士の切磋琢磨の機会が減少すること、②親の子どもに対する過保護、過干渉を招きやすくなること、③子育てについての経験や知恵の伝承・共有が困難になること、④学校や地域において一定規模の集団を前提とした教育活動やその他の活動（学校行事や部活動、地域における伝統行事など）が成立しにくくなること、⑤良い意味での競争心が希薄になることの5つがあげられている。

3. 学校と子どもの実態

　現在の学校と子どもはどのような状態にあるのかについて、特徴的な現象を取りあげて説明したい。

（1）学力の低下
　1980年から徐々にゆとり教育がすすめられ、2002年には、完全週5日制の導入、教育内容と授業時間の大幅削減が実施された。このため、公立校に通う子どもの学力低下が問題になった。特に、国語力（話す力、漢字力、表現力）が低下したこと、また理数嫌いが進んだことがしばしば指摘された。そのため、政府主導のもとにゆとり教育の見直しが行われ、2008年には学習内容を縮小させていたそれまでの流れとは逆に、内容を増加させた学習指導要領が告示され**脱ゆとり教育**の流れになった。
　ゆとり教育では公立校の教育内容が削減されても、私立中学、高校、大学の受験のために塾に通う子どもは依然として多かった。また大幅削減された授業内容を学校外で補わなくてはならないことで、子どもたちはさらにゆとりがなくなっているという皮肉な状況にあった。

(2) 不登校

　文部科学省の調査によると、2016年度に国・公・私立の小・中学校において、「不登校」を理由として30日以上欠席した児童生徒数は、小学生約3万1千人、中学生10万3千人であった。中学校では、各クラスに1人の割合で不登校の生徒がいることになる。

　学校数についてみてみると、全公立小・中学校のうち、不登校児童生徒が在籍する学校の割合は、1991度は約39％であったのがここ数年では60％以上となっており、半数以上の学校に不登校児童生徒が在籍しているという状況である。また、学年が上がるにつれて不登校児童生徒数は増加しており、特に小学校6年生から中学校1年生、中学校1年生から2年生の間で大きく増加している。

(3) いじめ

　文部科学省の行った調査において、2016年度には全国の公立小・中・高・特殊教育諸学校において32万3,808件の**いじめ**が学校によって認知されており、件数は増加傾向にあり、依然として大きな教育課題となっていることが明らかになっている。最近のいじめは、ことばでの脅し、ネット掲示板への悪口の書き込み、なりすましメールの送付、無視、暴力、金品の強要などのように多様化しており、相手の心に深い傷を与えるケースが多くなっている。主な特徴として、①いじめる側の多様化（一部の子どもだけではなく、いわゆる一般の子どもも加害者となり、いじめが起こり得る）、②いじめの構造化（誰もが悪いことだと思いながら、自分が被害者になることを恐れて加害者の仲間に加わるか、傍観している。気に入らない者、まじめな者をいじめによって排除しようとする場合がある）、③いじめの陰湿化（いじめの手口が陰湿、残忍化し、歯止めが効かなくなっている傾向がある）、④いじめの長期化、継続化（徐々にエスカレートし、深刻さが増していく中で、子どもたちだけでは解決しにくくなる場合が多い）などがある。

(4) 読書離れ

　読書の意義は読む目的や読む書物によってさまざまであるが、一般的には「役に立てること」、「楽しむこと」、「心を育てること」であるとされている。「役に立てる」とは情報の入手をすることである。読書によって新しいことを知ることができ、その情報をもとに思考することができ、また自らが体験し得ないことを間接体験でき、新しい知識を得ることができる。「楽しむ」とは、良い本に出会い、自己の内的世界を広げ、心地よい時間を過ごすことである。また、「心を育てること」については言うまでもなく、たとえば幼児に対する絵本の読み聞かせの場合では読んでくれる親の温かみにふれることができ、登場人物の心情を知り、わくわくして声を上げ、時には泣き、時には笑う。青年期になれば、読書をきっかけに自分の生きる意味を問い直し、考え、また書物から解決を見いだす。言い換えれば、読書は「こころを耕す」行為なのである。

　しかし、2017年6月に毎日新聞社と全国学校図書館協議会が全国の小・中・高校生を対象に実施した「第63回学校読書調査」の結果によると、教科書、参考書、マンガを除いた書籍の1か月の平均読書量は、小学生11.1冊、中学生4.5冊、高校生1.5冊であり、決して多いとは言えないのが実情である。また、1か月間に1冊も本を読まなかった子どもの割合（不読率）は、小学生で6％、中学生で15％、高校生で50％であり、かなりの数に及んでいることがわかる。「朝の読書」が学校において定着しつつあり、不読率が減少傾向にあるとは言え、本を読んで多くのことを学ぶことが期待される中学生や高校生の読書離れ傾向が依然として続いている。

＜より深く学びたい人のための参考図書＞
苅谷剛彦他（2002）『調査報告「学力低下」の実態』岩波ブックレット
櫻井よしこ他（2005）『ゆとり教育が国を滅ぼす』ワック
寺脇研（2008）『さらば　ゆとり教育』光文社
森田洋司（2010）『いじめとは何か』中公新書

第2講　学校臨床心理学の内容

　子どもの間、私たちは多くの時間を学校で過ごす。学校生活の中で生徒同士の関係、教師‐生徒関係など様々な人間関係の中で多くの経験をし、そうした時間の中で人格を徐々に形成していく。そして社会で生きていくための基本的な知識や対人関係の基礎となる能力を身につけていき、一人ひとりが、将来、社会の中で自己実現できるように支援されていく。

　しかし、学校現場に目を向けるとその状況は、不登校、いじめや非行といった生徒指導上の問題、さらに虐待などの社会的問題が関与しており、子どもたちに関するありとあらゆる問題が山積していると言える。不登校や非行をはじめ、教師が個別に関わっている子どもの数は非常に多い。子どもが抱えている困難の質はそれぞれ違うが、共通して言えるのは多くの子どもが様々な支援を必要としていることである。

1. 学校臨床心理学の内容

　学校臨床心理学は、「学校」という場で行われる支援であるため、問題となるところを「治療」する場ではなく、「教育」という言葉の通り、「教えて、育む」機能を持つ。子どもは困難なところを理解し、そこを解決できるように導かれるだけでなく、新しい知識や技術を身につけて、それぞれが持つ潜在的な力を開発していく場でもある。

　筑波大学の石隈利紀は著書『学校心理学』において、子どもの援助ニーズの大きさに応じて、図2-1のような3段階の**援助サービス**を提案している。

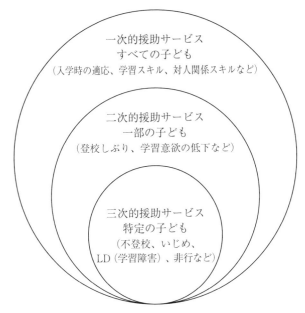

図2−1　3段階の援助サービス
出典：石隈利紀（1999）『学校心理学』誠信書房より引用

(1) 一次的援助サービス

　教師による援助というと、不登校や発達障害といった個別の対応が必要な子どもをイメージする人が多いだろう。しかし、受験の面接試験の前に教師が面接練習をしてアドバイスする、友だち関係の愚痴（ぐち）を聞くといった関わりは、学校現場ではごく普通に行われている支援である。石隈によると、**一次的援助サービス**は、「子どもが発達上の課題や教育上の課題を遂行するうえでもつ援助ニーズに対応する」としている。つまり、すべての子どもが対象となり、すべての子どもが持つ、もしくは多くの子どもが共通に持つと考えられるニーズに対して働きかける支援と言える。これには、**促進的援助**と**予防的援助**がある。石隈によると、促進的援助とは、子どもが学校生活を通して発達上の課題や教育上の課題に取り組むうえで必要とする基礎的な能力（例えば、対人関係スキ

ル、学習スキル、問題対処スキルなど）の開発を援助することと述べている。例えば、上手に話を聴くにはどのように聴いたらよいか、ひととのやりとりで怒りを感じた時にどのように気持ちをコントロールすればよいかといった対人関係を学ぶ授業は、すべての子どもたちにとって必要な学びであると同時に、学校生活上のトラブルを低減することにもつながる。そして、予防的援助とは、多くの子どもが出会う課題（例えば、入学時の適応）遂行上の困難を予測して、課題への準備を前もって援助することである。

　この一次的援助サービスは、主に子どもたちと学校生活を共にしている教師が担うことになる。そのため、教師がこうした一次的援助サービスの予防的・促進的な意義を理解し、学校全体の活動として位置づけていくことが非常に大事になる。たとえば、学校での保健指導では、虫歯になってから治療する指導もさることながら、虫歯にならないように日々の歯磨きをどうするかを指導する。子どもの問題行動も同様で、いじめなどの生徒指導上の問題が起きてから対処するのではなく、できるだけそれが起こらないように、日々の学校生活の中で一次的援助サービスを行っていくことが重要なのである。

(2) 二次的援助サービス

　1学期は楽しそうに学校生活を送っていたにもかかわらず、夏休みが明けて2学期に入った途端に体調不良をよく訴えるようになり、教室に行けなくなってしまったとか、これまでは昼休みに友だちと一緒に遊んでいたのに、最近は一人でいるようになった……など、学校生活の中で、教師が「最近、ちょっと気になる」という子どもの様子がある。**二次的援助サービス**は、学習や対人関係、発達上の課題などにおいて困難を持ち始め、支援が必要となる子どもへの援助である。この二次的援助サービスで重要なのは、援助が必要となっている子どもを早期に発見して、援助を開始することである。そこで最初に肝心な点は、援助を必要としている子どもを見過ごさないことである。子どもの様子を見て普段と違うと感じるには、ていねいに子どもを見ることができる教師の観察力が必要である。そこで注意しなければいけないのは、「○○さんは、い

つも元気な子である」、「自分のクラスで、問題のある子どもはいない」という教師の価値観や思い込みである。「～なはずはない」という考え方が、教師の観察する目を曇らせてしまい、子どもの状況を正しく把握し、理解することを阻んでしまう可能性がある。そのため、教師は時に自分の観察する力を客観的に見て、磨いておく必要がある。

　そのように学級での子どもの様子をていねいに見ていると、「Aさんは最近、元気がないな」と感じる時もあるだろう。二次的援助サービスにおいて、次に大切なのは、速やかに対応することである。休み時間や放課後にちょっと声をかけてみて、話をするといった援助もできる。また、授業についていけず学習意欲が低下してきた子どもがいれば、放課後に時間を作って教えたり、宿題をていねいに見て返却したりすることもできる。教師が「ちょっと気になる子」を早い段階で見つけて、子どもが抱えている困難が大きくなって成長を阻害しないような関わりを行うのである。

　また二次的援助サービスでは、養護教諭や保護者の役割が重要となる。「頭痛や腹痛、吐き気などの体調不良を訴え保健室の来室が多くなる」といった兆候は、子どもからのSOSのサインであることが多い。また、教室とは違った保健室の雰囲気の中で、普段言えない本音をぽろりと話せる子どももいる。そのため、保健室への来室が増えた子どもの情報交換や、その子への対応について養護教諭との連携は、子どもへの支援を行っていく上で非常に重要なのである。

(3) 三次的援助サービス

　三次的援助サービスは、特別な援助が個別に必要な子どもへの支援であり、不登校、いじめ、障害、非行といった子どもが対象となる。この三次的援助サービスでは、子どもが問題に対処しながら学校生活を送れるように支援していくために、2つの側面からアプローチする。ひとつは、子どもの問題状況の改善を援助する側面である。例えば、不登校の子どものカウンセリングをスクールカウンセラーが行うといった援助があてはまるだろう。しかし子どもへ

の直接的な援助だけではなく、学校生活での困難をできるだけ少なくできるように環境を整えるといった援助もある。例えば、障害のある子どもの課題や困難に応じて教育計画が立てられたり、不登校の子どもが学校で少しずつ勉強ができるようにするために相談室を整備すると言ったことがあげられる。

　三次的援助サービスの担い手は、スクールカウンセラーや特別支援学級の担当教師などのように専門性を持つ人がイメージされやすいが、実際には、一次的、二次的、そして三次的援助サービスすべてに教師が関わっていき、子どもたちを支援していくのである。

2. どのように進めるか

(1)「チーム学校」チームによる支援の必要性

　先述した援助サービスは、通常、「生徒指導」や「教育相談」といった名称で学校現場で行われている。文部科学省では生徒指導はすべての生徒を対象とし、学校で行われるあらゆる場面において行われ、その特性からも統合的な活動として位置づけられてきている。

　しかし、この子どもへの生徒指導に関して深刻な問題が出てきている。生徒指導に困難を抱えた教師の心理について研究している都丸けい子の研究によると、「生徒への関わりに自信がもてない」「生徒に働きかけても意欲や関心を示さない」「気持ちや行動を理解できない生徒がいる」といった項目が含まれた"生徒との人間関係における悩み"の項目について、中学校教師を対象としてその経験の有無を尋ねている。その結果、約8割の教師が悩み項目すべてをほぼ経験していたことを明らかにしている。

　生徒指導は子どもを理解し、そして時間をかけて付き合っていく必要がある。しかし、教師が置かれている現状は非常に忙しく、毎日の業務に忙殺されて子どもの話をゆっくり聞きたいがそのような時間を十分に取れないため、子どもの内面になかなか入っていく余裕がない。限られた状況の中、一生懸命に自分なりに指導してみたが、子どもの問題行動が一向に改善されず、その指導のあ

り方に苦しみ、時にはあきらめたりする場合もあるだろう。教師にとってもやりがいにつながりにくい状況なのである。

　こうした教師の忙しさ、余裕のなさを裏付けるかのように精神的な理由によって休職する教師は年々増加している。文部科学省によると、精神疾患で休職した教師は、2016年度には4,891人となり、2007年度以降5,000人前後で推移している。支援する側の教師も、精神的にも身体的にも極めて厳しい状況におかれているのである。そのため、教師や学校は自分たちだけで子どもの問題を抱え込むのではなく、様々な立場の人や機関と連携することで、教師も安心して子どもに関わることができ、余裕が出てくるのである。

(2) チームによる援助
　子どもの周りには子どもを支える大人がたくさんいる。担任教師、学年主任や学年の教師、養護教諭、生徒指導主任、部活の顧問、スクールカウンセラー、そして保護者などである。それぞれがそれぞれの立場や役割に基づいて子どものことを考え援助を行っているが、バラバラで援助するよりもお互いに対応の仕方を理解して協力しながら子どもへの援助を行うことによってより効果的な対応につながる。様々な困難を抱えている人（クライエント）をチームで支援するのである。筑波大学の石隈利紀らの研究グループは、子どもに関わる人（場合によっては子ども本人も含めた）が力を合わせた**援助チーム**による支援を提唱しており、学校現場で多くの試みを報告している。

　たとえば、表2－1は保健室での休養が多い女子生徒について、母親、担任教師、養護教諭、教頭、教育相談担当教師、英語担当教師の6名で構成された援助チームによる話し合いの事例である。ここでは石隈らが示している「援助チームシート」を用いて、子どもに関する情報をまとめ、援助の目標や方針を決めている。そして、その方針にそって、具体的な援助案を話し合い、それらをだれがいつまで行うかといったレベルまで詳細に話し合っている。子どもに関わっている人たちのこうした話し合いによって、バリエーションに富み、子どもの状況にあった適切な援助が可能になるのである。

【石隈・田村式援助チームシート 自由版】 実施日　：○○年09月21日（　）　15：40〜17：00　第2回
次回予定：○○年10月24日（　）　15：40〜16：40　第3回
出席者名：母親・学担T1・養護T2・教頭T3・教育相談系T4・英語担任T5

苦戦していること（保健室での休養が多い）

児童生徒氏名 2年　組　番 ハルミさん 担任氏名 T1		学習面 （学習状況） （学習スタイル） （学力） など	心理・社会面 （情緒面） （ストレス対処スタイル） （人間関係） など	進路面 （得意なことや趣味） （将来の夢や計画） （進路希望） など	健康面 （健康状況） （身体面での訴え） など
情報のまとめ	（A） いいところ 子どもの自助資源	学習意欲が旺盛で、努力を惜しまない。社会科、英語等が得意である。体調さえよければ、授業に出なくても、自分で学習を進められる。	まじめで、実直な性格。正義感が強い。ひとを悪く言わない。	大学へ進学したいという希望が強い。	特別に具合も悪いところはなかった。
	（B） 気になるところ 援助が必要なところ	英語の授業の時によく体調を崩して保健室に来る。テストの点へのこだわりが強く、地域で一番の進学校を希望し、家人からも期待が大きい。	友達との会話が苦手で、中学生らしい話ができない。（浮いた存在になりやすい）大人との会話の方が弾む。席替えで差別的な発言をされた。保育園の頃から友達関係を築きにくい子だった（母親）	父母や祖母から進学校へ進み、トップで卒業することを期待されている。	毎日のように頭痛やめまいを訴える。
	（C） してみたこと 今まで行った、あるいは、今行っている援助とその結果	英語科を始め各教科担任から、授業の様子を聞いた。	差別発言について、詳しく担任が話を聞いた。	特になし。	精神科では起立性調節障害と診断。服薬中保健室での休養、早退による休養。
援助方針	（D） この時点での目標と援助方針	①体調不良の時には、十分に休める環境を整える。 ②教育相談を通して、クラスでの友人関係についての強い思いについて理解を深める。 ③校内での支援体制をつくるとともに、家庭や病院との連絡を密にして、チーム支援をする。			
援助案	（E） これからの援助で何を行うか	①ストレスのかからない座席配置。 ②保健室や相談室での遅れた学習の個別指導。	①差別的な発言の指導（学級への全体指導と発言した男子への指導） ②安心できる個室の確保。 ③体調がすぐれないときは保健室にいても良いことを家庭でも認める。 ④教育相談を継続する。	①テストの点数のことや授業に出るようにということはできるだけ言わない。	①病院と連絡を取り、学校生活上の留意点を聞く。
	（F） 誰が行うか	①各教科担任（特に英語は座席を固定にするT5） ②その都度あいている教科担任にお願いするT2	①学級担任T1 ②養護教諭T2（保健室奥の個室を用意） ③母親 ④養護教諭T2	①母親（家族）	①養護教諭T2と母親
	（G） いつからいつまで行うか	①来週中即刻 ②本人の体調とやる気に応じて。	①来週の道徳の時間 ②週中 ③すぐに ④随時	①母親が家庭内に趣旨を伝え、理解を得るよう努力する。	①できるだけ早く

表2－1　援助チームによる支援の実際

出典：石隈利紀・山口豊一・田村節子（2005）『チーム援助で子どもとのかかわりが変わる』ほんの森出版より引用

3. 誰と連携するか

(1)「保護者」との連携

　子どもへの支援の中で忘れてはならないのが保護者の存在である。問題行動のある子どもの保護者の中には、保護者も親になりきれていないなど様々な課題を抱えている場合が少なくない。職員室で子どもの対応について話し合っていると、「あの親だからこの子がそんな風になってしまう」といった保護者に原因を求めたくなる会話が聞かれることもある。この点に注意が必要なのである。たとえば、学業不振の原因の捉え方を研究した速水敏彦によると、学業不振の原因を、教師は子どもの能力の低さや性格上の欠陥として捉え、自らの教え方のまずさを原因として認めない傾向にあることを示している。一方で、保護者（母親）は教師の教え方だけでなく、保護者の指導のまずさも原因として重視していることを明らかにしている。このことから、教師は子どもの何らかの問題行動の原因を子どもの能力や性格、さらに保護者のせいにするのではなく、もしかすると教師側にもあるのではないか..という視点を持つことが大切なのである。保護者を悪者にしても、子どもの問題がうまく解決できることは少ない。保護者はその子どもが産まれてからずっと様子を知っている「その子どもの専門家」である。教師は「教育の専門家」、スクールカウンセラーは「心理の専門家」、そして保護者は「その子どもの専門家」として位置づけていく。これが、保護者との連携の基本的な形なのである。こうした形で保護者に協力を求めていくと、頑なな態度を取っていた保護者もしだいに学校に協力的になってくることが多い。そして、学校でできること、家庭でできることを、それぞれの視点から具体的な形で話し合う。こうした形で保護者に協力が得られた場合、先述した援助チームによる対応として行われることが望ましい。

(2) 外部機関との連携

　学校外の機関と言われてもすぐに思いつくことができないだろう。子どもを支えるために様々な機関が社会にはあり、学校はそうした機関と適切に連携し

支援を行っていく必要がある。外部機関としては、児童思春期外来のある医療機関、児童虐待や非行、障害のある子どもなど様々な子どもや家族への支援を行っている児童相談所、そして主に非行の子どもたちを指導する警察などがある。

　こうした機関では、限られた時間でしか子どもに接することができないため、子どもたちの日常生活の場である学校での様子、成績などの細かい情報が外部機関での相談や、医療機関での診断に役に立つことが多い。そのため、こうした記録を本人や家族の了承の上で、必要に応じて外部機関に提出することが必要である。学校側はそうした外部機関との情報のやりとりを通して適切なフィードバックを受けることができ、学校での適切な子どもの支援に結びつけることが可能になるのである。

＜より深く学びたい人のための参考図書＞
石隈利紀（1999）『学校心理学』誠信書房
かしまえりこ・神田橋條治（2006）『スクールカウンセリングモデル100例』創元社

第3講　不登校

1. 不登校の定義

　文部科学省では**不登校**の児童生徒とは、「何らかの心理的、情緒的、身体的あるいは社会的要因・背景により、登校しないあるいはしたくともできない状況にあるために連続または断続して年間30日以上欠席した者のうち、病気や経済的な理由による者を除いたもの」と定義している。

　不登校という用語が文部科学省の学校基本調査で使われるようになったのは1999年度調査（1998年度間）からで、それ以前（1966年度～1997年度）は学校ぎらいとされていた。学校ぎらいとは「心理的な理由などから登校をきらって長期欠席した者」を指す。また、学校現場などでは登校拒否という用語が使われていた時期もあった。しかし、子どもが学校へ行くことを拒否しているのではなく、行きたくても行けない思いを抱えていることが指摘され、現在では不登校とよばれている。

　長期欠席者という用語も使われる。長期欠席者とは、文部科学省によると、病気、経済的理由、不登校、その他の理由で年間30日以上欠席した子どもを指す。つまり、不登校は長期欠席者に含まれるのである。

2. 不登校の現状

(1) 不登校の児童生徒数の推移

　表3-1は、『児童生徒の問題行動・不登校等生徒指導上の諸課題に関する調査』による過去10年度分の不登校児童生徒数の推移である。ここでは、小学校

表3-1　不登校児童生徒数の推移

区分 (年度間)	合計 全児童生徒数（人）	うち不登校児童生徒数の合計（人）	小学校 全児童数（人）	うち不登校児童数（人）	中学校 全生徒数（人）	うち不登校生徒数（人）
2006	10,796,723	126,894	7,187,417	23,825	3,609,306	103,069
2007	10,756,987	129,255	7,132,874	23,927	3,624,113	105,328
2008	10,725,001	126,805	7,121,781	22,652	3,603,220	104,153
2009	10,676,353	122,432	7,063,606	22,327	3,612,747	100,105
2010	10,566,028	119,891	6,993,376	22,463	3,572,652	97,428
2011	10,477,066	117,458	6,887,292	22,622	3,589,774	94,836
2012	10,333,629	112,689	6,764,619	21,243	3,569,010	91,446
2013	10,229,375	119,617	6,676,920	24,175	3,552,455	95,442
2014	10,120,736	122,897	6,600,006	25,864	3,520,730	97,033
2015	10,024,943	125,991	6,543,104	27,583	3,481,839	98,408
2016	9,918,796	133,683	6,491,834	30,448	3,426,962	103,235

出典：政府統計の総合窓口 e-Stat（2018）『児童生徒の問題行動・不登校等生徒指導上の諸課題に関する調査』に掲載の表を一部修正

と中学校そして全体の推移についての詳細をみていくこととする。

2016年度『児童生徒の問題行動・不登校等生徒指導上の諸課題に関する調査』によると、2016年度の長期欠席児童生徒のうち「不登校」が理由である子どもは、133,683人で、そのうち小学校は30,448人、中学校は103,235人であった。

2008年度間から僅かに連続で減少してきたが、2013年度から増加している。全児童生徒数に占める不登校の比率は1.4％で74人に1人、小学校では0.5％で213人に1人、中学校は3.0％で33人に1人であった（図3-1）。

児童生徒の不登校の人数はほぼ同じ水準で推移しているといえる。そのため文部科学省では、2016年に不登校に関する調査研究協力者会議を纏めたものとして『不登校児童生徒への支援に関する最終報告～一人一人の多様な課題に対

第3講
不登校

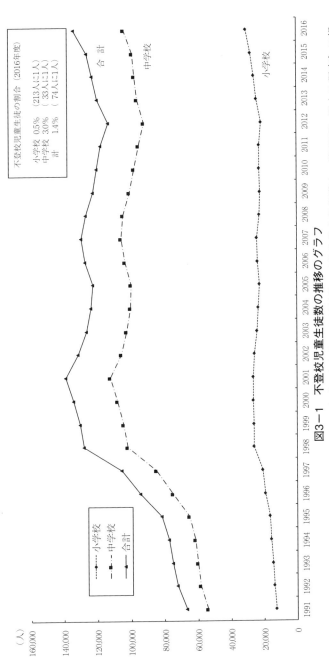

図3−1 不登校児童生徒数の推移のグラフ
出典：政府統計の総合窓口 e−Stat (2018)『児童生徒の問題行動・不登校等生徒指導上の諸課題に関する調査』に掲載の表を引用

応した切れ目のない組織的な支援の推進～』を報告した。そのなかで、不登校児童生徒への効果的な支援や学校における取り組みなどが記載されている。

(2) 不登校となったきっかけと継続する理由

　2016年度『児童生徒の問題行動・不登校等生徒指導上の諸課題に関する調査』によると、不登校の要因は「学校、家庭に係る要因（区分）」と「本人に係る要因（分類）」に大きく分けられている（表3-2）。

　「学校、家庭に係る要因」は「学校に係る状況」と「家庭に係る状況」に分けられ、さらに「学校に係る状況」はいじめや友人関係の問題、教員との関係の問題や学業等への不安、部活動への不適応など8項目に区分されている。そのなかでも「いじめを除く友人関係をめぐる問題」が最も高く、子どもたちにとって学校における対人関係上の問題は深刻なものになりやすいといえる。

　また、「家庭に係る状況」も大きな割合を占めている。内容は、生活環境の急激な変化や親子関係の問題、家庭内の不和の問題などとなっており、1つの区分としてまとめられているため、割合が大きいとも思われる。しかし、子どもにとってこころの安定の基盤ともなる家庭の状況は、登校へ大きな影響を与えやすいともいえる。

　「本人に係る状況」は、5つに分類されている。学校における人間関係や非行、無気力、不安などの問題である。このなかでは「不安の傾向がある」が最も高く、次いで「無気力の傾向がある」であった。

　この調査では「家庭、学校に係る要因（区分）」は複数回答であり、一つの要因のみが不登校のきっかけとなっているとはいえない。

　さらに近年、**注意欠如・多動性障害（AD/HD）**、**学習障害（LD）**、**自閉症スペクトラム障害**といった発達障害（第6講参照）によって集団場面での行動の困難さや対人関係面や学習面において困難さをもち、これがきっかけとなって不登校になる子どもも増えている。

　また、児童虐待（第7講参照）が要因となり長期欠席をする子どももいる。

　きっかけや要因の特定は困難なことも多いが、どのような場合であっても、

第3講 不登校

表3-2 不登校の要因（国公私立の小・中の合計）

学校、家庭に係る要因（区分）	不登校児童生徒数	いじめ	いじめを除く友人関係をめぐる問題	教職員との関係をめぐる問題	学業の不振	進路に係る不安	クラブ活動・部活動等への不適応	学校のきまり等をめぐる問題	入学・転編入学・進級時の不適応	家庭に係る状況	左記に該当なし
本人に係る要因（分類）											
「学校における人間関係に課題を抱えている。」	22,556	543	15,920	1,720	2,571	563	1,043	423	1,220	3,435	1,092
		2.4%	70.6%	7.6%	11.4%	2.5%	4.6%	1.9%	5.4%	15.2%	4.8%
	16.9%	78.6%	47.1%	47.1%	9.8%	10.2%	33.9%	8.6%	14.9%	7.5%	4.2%
「あそび・非行の傾向がある。」	6,414	2	564	188	1,759	247	100	2,091	167	2,665	784
		0.0%	8.8%	2.9%	27.4%	3.9%	1.6%	32.6%	2.6%	41.5%	12.2%
	4.8%	0.3%	1.7%	5.1%	6.7%	4.5%	3.3%	42.6%	2.0%	5.8%	3.0%
「無気力の傾向がある。」	40,532	34	4,295	503	11,435	1,656	682	1,269	2,084	17,099	8,153
		0.1%	10.6%	1.2%	28.2%	4.1%	1.7%	3.1%	5.1%	42.2%	20.1%
	30.3%	4.9%	12.7%	13.8%	43.4%	30.0%	22.2%	25.8%	25.5%	37.2%	31.2%
「不安の傾向がある。」	41,756	89	11,412	950	8,523	2,650	1,054	769	3,647	12,468	8,337
		0.2%	27.3%	2.3%	20.4%	6.3%	2.5%	1.8%	8.7%	29.9%	20.0%
	31.2%	12.9%	33.8%	26.0%	32.3%	48.0%	34.3%	15.7%	44.6%	27.1%	31.9%
「その他」	22,425	23	1,612	293	2,078	401	196	361	1,051	10,357	7,800
		0.1%	7.2%	1.3%	9.3%	1.8%	0.9%	1.6%	4.7%	46.2%	34.8%
	16.8%	3.3%	4.8%	8.0%	7.9%	7.3%	6.4%	7.3%	12.9%	22.5%	29.8%
計	133,683	691	33,803	3,654	26,366	5,517	3,075	4,913	8,169	46,024	26,166
	100.0%	0.5%	25.3%	2.7%	19.7%	4.1%	2.3%	3.7%	6.1%	34.4%	19.6%

(注1)「本人に係る要因（分類）」については、主たる要因一つを選択。「学校、家庭に係る要因（区分）」については、複数回答可。「本人に係る要因（分類）」で回答した要因が主であるかを決め難い場合は分類欄のより上段のものから選択。いずれが主であるかを決め難い場合は分類欄のより上段のものから選択。
(注2)「学校、家庭に係る要因（区分）」については、複数回答可。「本人に係る要因（分類）」で回答した要因の理由として考えられるものを「学校に係る状況」「家庭に係る状況」より全て選択。
(注3) 中段は、各区分における分類別児童生徒数に対する割合。下段は、各区分における「学校、家庭に係る要因（区分）」の「計」に掲載の表を一部修正
出典：政府統計の総合窓口 e-Stat (2018)『児童生徒の問題行動・不登校等生徒指導上の諸課題に関する調査』に掲載の表を一部修正

さまざまな観点や情報からの分析と早期の対応が重要となる。

　同じく2016年度の『児童生徒の問題行動・不登校等生徒指導上の諸課題に関する調査』によると、2015年度から2016年度に継続して不登校となっている子どもの割合は、小学校では49.7％、中学校では57.8％となっている。このことから不登校が継続する理由は、起因となった友人関係や親子関係、不安感や無気力などが時間の経過とともに複雑に絡み合い、複合的な状態になっているためであると考えられる。特に、不登校の状態のなかで学習が遅れたり、生活リズムが乱れたりすることによりさらに継続が進むといえる。

3. 不登校児童生徒への対応

　不登校の子どもへの対応の在り方について、2016年に文部科学省の不登校に関する調査研究協力者会議において報告された『不登校児童生徒への支援に関する最終報告〜一人一人の多様な課題に対応した切れ目のない組織的な支援の推進〜』には、「不登校児童生徒に対する支援の目標は、児童生徒が社会的に自立できるようにすることである」とされている。

　不登校の現状の部分でも触れたが、不登校になる要因が個々様々であり、一つとは限らない。また、子ども本人自身も原因と考えると「曖昧でよくわからない」と話すことも多い。そのため、子どもが社会的自立にむけて行動できるようにするため、まず不登校の子どもが何に不安を感じているのか、どのようなことに困り感をもっているのか、子どもを取り巻く環境はいかなるものかなどの情報を集めてアセスメントをする。そのうえで、それぞれの子どもに応じた対応を柔軟に行う必要がある。

（1）学校における取り組み

　不登校の子どもを支援する場合、学級担任のみで対応するのではなく、学校全体での対応がポイントとなる。

　図3-2は、校内における不登校の子どもへの支援体制の例である。

第3講
不登校

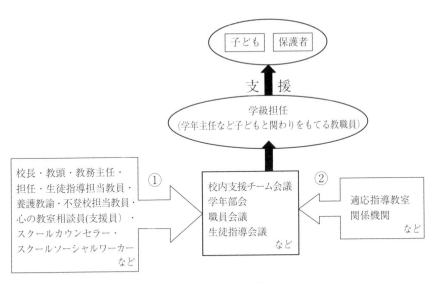

図3−2　校内不登校支援体制の例

　まず校内において、不登校となった子どもへの支援チーム会議や学年部会、職員会議などにおいて、教職員から子どもの様子や家庭の状況などの情報を集める。
　そこで得られた情報をもとに、子どもがどのようなことに不安や困難さを抱えているのかをアセスメントし、さらにどのような支援をしていくのか具体的に検討する。この会議は、子どもの様子や変化に対して、柔軟に対応をしていくために継続的に行う必要がある。
　たとえば、図3−2の①で考えると、保健室登校などの別室登校ができる子どもであれば、関わっている養護教諭などと連携をとり、その内容について学校全体で共通理解を図る。登校が困難な子どもであれば、学級担任や学年主任など子どもと関わりをもてる教員が家庭訪問などによって人間関係をつくり、子どもの不安を軽減するような支援をしていく。そしてその内容を会議において共通理解し、今後の具体的な支援の検討を行う。
　また、図3−2の②で考えると、たとえば適応指導教室に通っている子どもで

あれば適応指導教室での様子などの連携、非行や怠学であれば警察との連携、神経症や発達障害などで病院に通っている場合には医療機関との連携、虐待などであれば児童相談所との連携など、子どもの状況によってそれぞれの外部機関とのつながりがとても重要となる。そして連携の内容についても今後の支援の検討のために、校内において共通理解を図る必要がある。

このように校内全体として取り組むことで、多角的に検討することができ、不登校の子どもに対してよりよい支援や関わりができるのである。

(2) 国における取り組み

2016年の文部科学省の『不登校児童生徒への支援に関する最終報告』では、「学校外の専門機関等との横の連携を進めるとともに、子供の成長過程を見つつ継続的に一貫した支援を行う視点から、小学校、中学校、高等学校、高等専門学校及び高等専修学校等の縦の連携も重要」とされている。学校と関係機関等との連携だけでなく、いわゆる中1ギャップといわれる不登校の児童生徒等への対応を考え、切れ目のない支援を目指している。

さらに、2005年には特別な教育課程を編成する学校(不登校特例校)が指定されることとなり(2016年現在までに計10校が指定)、不登校特例校を卒業した中学生は高校受験ができるようになった。また、同年には「IT等の活用による不登校児童生徒の学習機会拡大事業」が始まり、不登校児童生徒が家庭等でICTを活用した学習を行い、指導要録上の出席扱いとすることが認められた。しかし、この制度を活用している人数はまだ少ないのが現状である。外出自体が困難な不登校児童生徒も多い。その子どもたちにとっては学習しやすい制度のため、今後の活用が期待される。

(3) 早期発見・早期対応

子どもが不登校になる場合、突然休み始めるのではなく、その前から何かしらのあらわれが見られることが多い。たとえば、風邪などの病気でよく欠席する、保健室への来室が増える(腹痛や頭痛を訴えるなど)、遅刻・早退が増え

る、登校を渋る、休み時間に一人で過ごすことが増えるなどである。このようなあらわれを見逃さないようにし、出席簿を確認することや養護教諭、教科担任、部活動の顧問などとの情報交換によって現状を把握することが大切である。

　この段階で子どもへの声かけや教育相談などを行うことにより、子どもの不安な気持ちや困り感を理解することができ、不登校を防ぐことができる。

　また、不登校となった場合でも早期の段階であれば、不登校の要因が複合的になりにくいため、子どもと関わるなかで不安感や困り感を軽減することができ、長期化することを防ぐことができる。

4. 不登校の予防

　前述したように、不登校の子どもは人間関係の悩みを抱えていることが多い。友だちの言葉で傷ついて学校に行きたくなくなることや友だちの輪にうまくなじめないなど、友だちとどのようにつきあえばよいのかといったコミュニケーション・スキルがわからずに不登校になってしまうのである。

　そのため、ソーシャルスキルトレーニングや人間関係づくりの心理教育プログラムなどの活用によって、人間関係を円滑にするための方法を身につけることが不登校の予防となるのである（第22講参照）。

　また、1998年の中央教育審議会答申には、保健室は「心の居場所」としての役割をもつとある。子どもにとっては、「悩みを話して」と言われて話すよりも、身体的な不調から話しはじめ、少しずつ抱えている悩みを打ち明ける方が安心で話しやすいこともある。つまり、子どもが不安や困り感を一人で抱えず周囲（教師や保護者など）に気軽に話せ、安心感をもてるような環境づくりを学校や家庭において心がけることも予防につながると言える。

＜より深く学びたい人のための参考文献＞

高橋良臣著（2005）『不登校・ひきこもりのカウンセリング　子どもの心に寄り添う』金子書房

馬場謙一・松本京介編著（2008）『スクールカウンセリングの基礎と経験』日本評論社

第4講　いじめ

1. 現状と定義

いじめは1980年代半ばに起こった中学生の自殺をきっかけに社会問題となり、今なお学校生活の中で起こるひとつの大きな問題として取りあげられる。文部科学省は日本の公立学校におけるいじめの実態について『児童生徒の問題

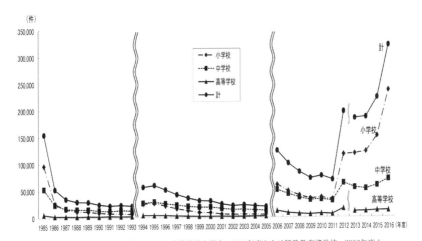

(注1) 1993年度までは公立小・中・高等学校を調査。1994年度からは特殊教育諸学校、2006年度からは国私立学校を含める。
(注2) 1994年度及び2006年度に調査方法等を改めている。
(注3) 2006年度までは発生件数、2006年度からは認知件数。
(注4) 2013年度からは高等学校に通信制課程を含める。
(注5) 小学校には義務教育学校前期課程、中学校には義務教育学校後期課程及び中等教育学校前期課程、高等学校には中等教育学校後期課程を含む。

図4－1　いじめの認知（発生）件数の推移
出典：文部科学省（2018）『平成28年度児童生徒の問題行動等生徒指導上の諸問題に関する調査（確定値)）』より

行動・不登校等生徒指導上の諸課題に関する調査』の中で毎年発表している。この調査の2006年度以降の結果を見てみると、いじめの認知（発生）件数は徐々に減少傾向にあったものの、2012年度を境に上昇傾向に変わっている。その中でも小学校における認知（発生）件数はここ2年で急激に上昇している。実は、この数の変化は単にいじめの数の変化という側面のみならず、いじめをどのようにとらえるかという定義の問題や、いじめという現象についてどのように対応していくべきか、という観点によって大きく影響を受けている。

　1994年度の文部科学省の定義では、いじめを「自分より弱いものに対して一方的に、身体的・心理的な攻撃を継続的に加え、相手が深刻な苦痛を感じているもの」としている。この定義は2006年度に一度見直された。さらに2013年に制定施行されたいじめ防止対策推進法の中では、「児童等に対して、当該児童等が在籍する学校に在籍している等当該児童等と一定の人間関係にあるほかの児童等が行う心理的又は物理的な影響を与える行為（インターネットを通じて行われるものを含む。）であって、当該行為の対象となった児童等が心身の苦痛を感じているもの」といじめを定義している。

　この二つの定義の違いを見ても、いじめのとらえ方についての変遷が理解できる。たとえば、インターネットを使ったいじめがあることを新たに付け加えている点は、子どもたちの生活環境の変化を反映していることを容易に想像でき、非常にわかりやすいだろう。また、より詳しく見てみるといじめの中で関係する人間関係のとらえ方が変化している。1994年度の定義では、「弱いもの」「強いもの」というように、子ども間の立場が力関係の中で固定されているように表現されている。しかし、新しい定義ではそのような記述はなくなっている。現在では、子どもの間の人間関係は固定されているという理解ではなく、流動的に変化していくものであり、また誰もがいじめの被害者や加害者の立場に立つということを想定しているためである。国立教育政策研究所生徒指導・進路指導センターによるいじめ追跡調査（2013-2015）による結果を見てみると、「仲間はずれ、無視、陰口」をした経験をあるとアンケートに答えたものが9割、された経験があると回答したものも全体の9割を占めたという。このこ

とからも、子どもたちの多くがいじめに関連するような行為の加害者であり、被害者であることがわかる。このほかにも「一方的」「継続的」といった表現がなくなっていること、いじめの発生件数ではなく認知件数について報告することになった点などがあげられる。

さらに注目してほしいのは、ここ数年に起こっているいじめ認知件数の急激な増加傾向である。これはいじめ事案件数が急激に増加したということではない。むしろ、いじめを積極的に認知するよう国から強い働きかけがあった結果である。たとえば、「ひやかし」や「からかい」など軽い言葉で相手を傷つけた程度であり、「いじめ」という表現にとらわれず、教師の仲介と適切な指導によって改善された場合であっても、法的には「いじめ」として認知していくことが求められた。これは、いじめ防止対策推進法による影響を強く受けているからである。いじめを受けた児童生徒の権利や健全な成長、人格形成に重大な影響を与える以前に、いじめに対していかに早期に積極的に対応していくかを反映したものであり、文字通り「いじめの防止」という点で実態評価をすることを重視したことによるものである。

2. いじめの構造－複雑に絡み合う集団

いじめにはいじめっ子（**加害者**）といじめられっ子（**被害者**）が存在するほかに、それ以外の第三の力が影響を与えている。

(1) いじめの加害者（いじめっ子）

いじめっ子、つまりいじめの加害者は必ずしも一人ではない。むしろ現代型のいじめでは不特定多数の小集団が加害者になることが多い。特に日本の子どもたちは、2～3人と4～9人の間でピークを迎えており、諸外国と比較して集団が大きいという報告もある。また、いじめの加害者が、「いじめたときにどのような気持ちになったか」について調べてみると、加害者には様々な気持ちがあることが知られている。つまり、いじめが愉快な要素（「おもしろい」）や

行為を正当化する（「当然」）状況が少なからず存在する反面で、「いやな気持ち」になったり、「かわいそう」と思っていたりする。子どもたちは、いついじめられるかわからないという不安と、学級集団から外れないようにする防衛心から、いじめる側にまわっているのである。

(2) いじめの被害者（いじめられっ子）

いじめられる理由は単純なことで、誰でも被害者になりうるものが多いが、いじめ問題が深刻化する要因には、「いじめがあったことを誰にも言いたくない」という被害者の意識が関係している。たとえば、2014年に藤桂と吉田富二雄によってネットいじめの被害時の様子についての研究成果が報告された。この研究結果によれば、ネットいじめの被害にあった時に、加害者が特定できないために誰も信じられず孤立してしまうと考える孤立性因子、場所と被害を問わずその被害から逃れられないと考えてしまう不可避性因子、ネットいじめによる被害が関係ない人まで広まってしまうのではないかと考える波及性因子の三点から、いじめを脅威に認知しているという。そして、この被害時の反応の一部は無力感につながり相談できなくなるような状況になっていくという。

このように、被害者の立場にある子どもたちにとって、いじめはつらく、惨めで、情けないことと感じることが多いため、自分の惨めさを誰にも知られたくなく、家族に心配かけないよう誰にも相談できないのである。さらに、いじめについて誰かに相談すると、それが加害者に知れわたることによって、再びひどいいじめにあうことを非常におそれている。「チクリ」ということが子どもたちの世界では、裏切り行為とされることからも、こうした相談のしにくい状況が推測できよう。

(3) 観衆と傍観者

いじめには加害者と被害者以外にそれを見ている周囲の力が働いている。この点について、子どもの問題について社会学的な視点から研究している森田洋司が、二つに分けて説明している。その一つは観衆（かんしゅう）である。この観衆という立

場は、いじめに直接参加しないがいじめをはやし立て、面白がっている子どもたちである。これは加害者にとっては、いじめを積極的に是認してくれる層であり、いじめ行動を強化する要素となる。もう一つは、いじめを見て見ぬ振りをする**傍観者**という立場である。この層の子どもたちは自分が被害者におとしいれられることをおそれており、冷ややかな態度すらとらないのである。これは、いじめっ子に対する服従の態度を表明しているともいえる。

これに加えて、暴力を否定し、いじめを制止しようとする**仲裁者**の立場にある子どもたちの存在がある。こうした子どもたちは正義感が強くまじめな子であるが、現代型のいじめではむしろいじめの標的になりかねないのである。

3. いじめにどう対応するか

いじめに対してどのように対応したらいいだろうか。2013年いじめ防止対策推進法が施行されたことにより、対策に関する基本的な方針が示された。またこれに従い、学校や教育委員会等が積極的にその予防策や対応策を具体的に示している。これらのことをふまえながら、いじめの対応について整理していく。

(1) 学校体制を整える未然予防

すべての子どもが安心して学校生活を営めるように、学校体制づくりを進めていく。子ども一人ひとりの成長をいかに支えるか、という点のみならず学級づくりや学校風土を創出していくこと、また教職員の意識向上のみならずいじめに対する組織的な対応ができるような体制整備をする必要がある。この体制には、担任教師が単独で抱え込まず、より実効的な形でいじめ防止等に対応できるように、複数の教職員、心理や福祉などの専門家等の関係者から構成されるような組織を置くことが定められている（いじめ防止対策推進法第22条）。

これ以外にも、保護者、地域住民、関係機関等との緊密に連携することが求められるようになる。「チームとしての学校」という言葉が示す通り、複雑多

様化するいじめの問題についても子どもが関わる学校以外の専門家を配置したり、専門機関と密に連携を取ることによって、学校組織文化を見直していく必要がある。

(2) 早期発見とその対応
　いじめへの対応は早期発見・早期解決が重要である。しかし、ともすれば、原因を追及し、誰が加害者だったのかという犯人捜しをすることによって問題の解決を図ろうとする。けれども先に示した通り、いじめ問題は加害者対被害者という関係以外にも集団の力学が働いているので、それぞれの立場に沿って集団全体に対応する必要がある。

　①いじめの加害者に対して
　いじめの加害者に対しては、新たな人間関係を築くためのチャンスとしてとらえ直して接してほしい。彼らはいじめ行為が悪いことと知りながら、その場の雰囲気とある種の興奮状態に押されてしまっている。そのためこれを制御するような力の支援が必要である。具体的な関わり方として、まずいじめの行為をふり返り、一緒に考える機会を与える。
　また、いじめの加害者になる子どもたちは、ストレスに対する耐性の弱さや、人間関係の未熟さが指摘されている。そのため、ストレス事態における対処法を指導したり、怒りや攻撃的な行為の表し方を新たに学んでいくような日常的な援助が必要である。

　②いじめの被害者に対して
　被害者の立場にある子は自分がした指摘が誰かに伝わり（チクリ）、次の被害にあうことを非常に恐れていることをまず忘れてはならない。そのため、こうした二次的被害が起こることのないよう細心の注意を払い、環境調整をしておくことが重要である。また、恐怖におびえながら告白したことについて、「よく話してくれたね」、「今までずっと一人で我慢していたんだね」、「つらい

想いを打ち明ける勇気をよくもったね」と言葉をかけてほしい。これをきっかけに、いじめの被害者に対しては、被害を受けた体験を十分に、時間をかけながら聞くことが重要である。

　また、彼らは「自分なんか、いない方がいい」、「僕はダメな人間だ」などと自己否定している場合が多い。暴力の被害者である彼らに対して、悪いのはいじめる側であることを伝え、さらに彼らのつらさに共感することが、孤立感から解放することにつながっていくのである。

(3) 観衆や傍観者に対して

　傍観者の立場にしても、観衆の立場にしても、わかっているけど制止できない状況にどう対応していくかが、指導のポイントとなる。彼らのような立場には、いじめを許そうとしない雰囲気を作っていくことが大切である。社会心理学者の山岸俊男によれば、いじめはある一定の人数の子どもたちがいじめに立ち向かうように働き始めると、ほぼクラス全体が連鎖的にいじめを止めるようになるという。この集団の力を利用するためにも、教師がいじめを許さない姿勢を示し、積極的に傍観者や観衆の立場を援護することが重要である。これによりいじめへの制止力が大きくなる。

　さらに、人間関係そのものを円滑にするための援助を日常的に行うことが大切である。たとえば、構成的エンカウンターグループによって積極的に集団の凝集性を高めたり、よりよい人間関係を育成することがいじめの予防へとつながるのである。

(4) 重大事態への対処

　いじめの予防策を講じ、早期発見と対応を行っていたとしても、重大な事態に陥る事例は起こりうる。そのような事態になった場合には、学校の枠を超えて教育委員会や地方公共団体の長にまで責任が及ぶことが、いじめ防止対策推進法により明記された。重大な事態とは、児童生徒が自殺を企図した場合、身体に重大な障害を負った場合、金品等の重大な被害をこうむった場合、精神性

の疾患を発症した場合など児童等の生命、心身又は財産に重大な被害が生じた疑いがあると認めるときであったり、いじめにより学校を欠席するようなことが一定期間続いているような場合、とされている（いじめ防止対策推進法第28条）。このような事態が確認された場合には、学校の設置者である教育委員会と学校とが密接に連携・協力し、いじめの事実関係を明確にするため調査を実施することとなる。

　また、学校は重大事態が発生した旨を、教育委員会を通じて、地方公共団体の長に報告しなければならない。さらに、地方公共団体の長等らが再調査できること、またこの再調査の結果をふまえて措置を構ずることが明確にこの法律に定められた（第30条）。加えて加害者によるいじめ行為が、犯罪行為として取り扱われるべきと判断される場合には、速やかに所轄の警察署に連絡し、連携して対処する（第23条6項）こと、加害者への指導を継続的に行っているにもかかわらず、被害者の学習や生活を妨害し続けているように状況が改善されていかないような場合には、当該児童に対して懲戒を加えたり（第25条）、その保護者に対して当該児童生徒の出席停止を命ずる（第26条）ことなどについても、この法律にも明記された。

　このように、より積極的な形で、いじめを受けた児童等が安心して教育を受けられるようにするために必要な措置を速やかに講ずるよう定めるなど、この法律によりいじめ対策についての方策がより整理され、明確に示さるようになった。

＜より深く学びたい人のための参考文献＞
森田洋司・清水賢二（1994）『新訂版　いじめ―教室の病』金子書房
山岸俊男（2002）『心でっかちな日本人―集団主義文化という幻想』日本経済新聞社
森田洋司（2010）『いじめとは何か―教室の問題、社会の問題』中公新書

第5講　非行

1. 定義

　非行は青年期の少年の起こす問題のひとつであり、教育分野やマスコミでもとりあげられることが多い。たとえば、傷害や恐喝、校内暴力、未成年者の飲酒喫煙、深夜徘徊といった問題行動がその例である。

　非行あるいは非行少年は法律用語である。その根拠となる法律は少年法である。少年法は、彼らの健全な育成を期し、性格の矯正および環境の調整に関する保護処分を行うことを目的としている。20歳に満たないものを少年として、具体的には、非行を**犯罪少年**（14歳以上20歳未満で、罪を犯した者）、**触法少年**（14歳未満で、刑罰法令に触れる行為をした者）、**虞犯少年**（20歳未満で、将来法を犯すおそれのある者）に分けている。この他、警察庁が策定した少年警察活動要網にもとづき、飲酒、喫煙、けんか等、自己または他人の徳性を害する行為をしている**不良行為少年**がある。

2. 非行に関する問題の推移

(1) 少年犯罪について

　少年非行は社会環境や生活様式の変化に伴い、大きな変遷を遂げている。第二次世界大戦後の刑法犯少年の検挙人数をみると、4回のピークがある。

　第一のピークは、昭和20年代中ごろの終戦直後のころである。この時期は戦後の混乱の中、生活が困窮したり、すさんだ世相が反映された結果であると言われている。

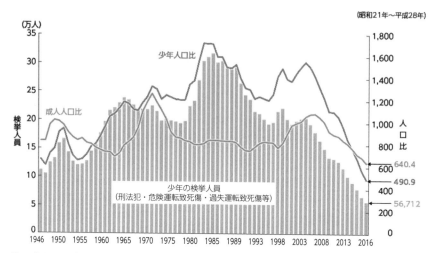

注　「人口比」は、各年齢層の少年10万人当たりの刑法犯検挙（補導）人員である。
なお、触法少年の人口比算出に用いた人口は、10歳以上14歳未満の人口である。

図5-1　少年による刑法犯等　検挙人員・人口比の推移
出典：法務省（2017）『平成29年度犯罪白書』より

　第二のピークは、昭和30年代後半から40年代前半にかけての時期である。この時期は、高度経済成長期にあたり、集団就職のために少年が都市へ流入してきたことや、社会に対する反抗的な態度がこの問題として現れてきたと考えられている。

　第三のピークは、昭和50年代後半にある。この時期には一般的な家庭で育った子どもによる非行が増加したことが特徴であり、遊び型の非行とも言われた。

　そして第四のピークは、平成10年前半である。この時期には深刻な不況や人間関係の希薄化がその背景として指摘されているが、それ以降検挙人数及び少年の人口比から見ても減少傾向にある。

(2) 学校でおこる暴力行為について
　文部科学省は『児童生徒の問題行動等生徒指導上の諸問題に関する調査』の

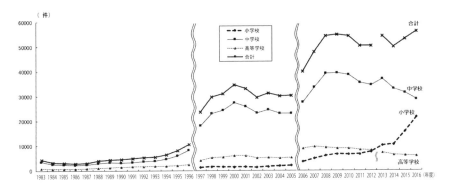

(注1) 1996年度までは、公立中・高等学校を対象として、「校内暴力」の状況について調査している。
(注2) 1997年度からは調査方法等を改めている。
(注3) 1997年度からは公立小学校、2006年度からは国私立学校も調査。
(注4) 2013年度からは高等学校に通信制課程を含める。
(注5) 小学校には義務教育学校前期課程、中学校には義務教育学校後期課程及び中等教育学校前期課程、高等学校には中等教育学校後期課程を含める。

図5−2　学校の管理下における暴力行為発生件数の推移
出典：文部科学省（2018）『平成28年度児童生徒の問題行動等生徒指導上の諸問題に関する調査（確定値））』より

中で、公立の小・中・高等学校の児童生徒がおこした暴力行為について報告している。1982年から公立中学校・高等学校における「校内暴力」としてとらえられてきたこの問題は、1997年度から小学校も調査の対象となり、暴力行為の発生状況について調べられるようになった。ここで取り上げられる暴力行為は、対教師暴力（例：教師の胸ぐらをつかむ、教師めがけて椅子を投げつける）、生徒間暴力（例：同校の生徒同士がけんかになり、一方がケガをした）、対人暴力（例：他校の生徒と口論になり、ケガを負わせた）、器物損壊（例：トイレのドアを故意に破損させた）、の4つのタイプに分けられて集計されている。

2017年度の報告によると、児童生徒による暴力行為は59,457件（小学校22,847件、中学校30,148件、高等学校6,462件）である。このうち、学校の管理下で発生した学校数でみると、全国合計で10,979校となり、全学校数に占める割合の30％を超えた。また、学校の管理下外で暴力行為を起こした児童生徒が

在籍する学校数は、2,133校であり、全学校数に占める割合の5.9％となる。刑法犯の検挙数や虞犯少年の補導などはここ10年で大きく減少しているのと同様に、校内暴力については中学校や高等学校が少しずつ減少しつつある。また小学校における暴力行為が急増しているという特徴がみられている点が、大きな特徴となっている。

3. 少年非行の主な特徴

『平成28年版 犯罪白書』や『平成29年における少年非行、児童虐待及び子供の性被害の状況』を参考に近年の少年非行を捉えると、次の特徴が指摘できる。

(1) 非行少年（刑法犯・特別法犯・虞犯）、不良行為少年数の減少

たとえば、刑法犯により検挙された少年の数は、2017年は2万6,797人だったが、これは10年前の2007年には10万3,224人であった。また、平成に入ってピークだったのは1998年であり15万7,385人に及んだ。刑法犯については、10年前の4分の1、ピークだったおおよそ20年前の6分の1程度まで減少している。同様に、不良行為少年の数は、2007年には155万1,726人であったが、2017年には47万6,284人となっており、3分の1以下にまで減少している。なお、全体の中でもわずかな割合しか占めないが、特別法犯の中の一部（迷惑防止条例や児童買春・児童ポルノ禁止法により検挙されたもの）や、大麻乱用少年の検挙人数については、10年前と比べて検挙人数に変化が見られなかったり、あるいは増加しているものもある。

(2) 刑法犯少年における小学生の割合の増加

先にも示した通り児童生徒による暴力行為は小学生でも目立って増えているが、いわゆる触法少年（14歳以下のものが刑罰法令に触れる行為を犯した）の数についても小学生の変化が著しい。触法少年全体で見てみると、先の非行

少年と同様にその数は大幅な減少傾向にある。しかし、就学別にみると、2008年には小学生4,278人、中学生13,280人であったのに対し、2017年には小学生4,232人、中学生4,071人となり、初めて小学生の数のほうが上回っている。さらに、年齢別にみても、11歳から13歳までの数はこの10年間では減少傾向にあるのに対して、8歳以下の補導人数が2017年に1,246人となり、2008年786人と比較すると、1.5倍に及んでいる。このようにその年齢別の内訳をみると、低年齢化が進んでいる。

4. 非行少年の特徴とその対応

　現在、不適応や精神疾患などの問題は、「生物―心理―社会モデル」にそって理解するようになってきているが、非行少年に関する問題についても同様である。このモデルに立って考えれば、彼らの問題は、中枢神経系の機能障害や遺伝的負因のような生物学的側面、個々人の性格や認知、知的特性といった心理的側面、家庭や生活環境のような社会的要因によって成り立つと考えられている。ここでは、児童自立支援施設において長年医師として勤めてきた富田拓による『非行と反抗がおさえられない子どもたち』を参考に、対応について整理していく。

（1）非行の背景
　非行に関する問題では、彼らを取り巻く生活環境や社会情勢の影響を受ける点はこれまでも指摘されてきた。先にも示した通り、第一のピークであった昭和20年代は戦後の経済的な貧しさやひっ迫した食料事情といった社会的混乱状態の影響を大きく受けており、窃盗や詐欺等を犯す少年たちが多かった。しかし現代では、社会状況も大きく変化した。深夜でも屋外が明るく照らされ、大抵の物品は手に入るようになり、未成年者が深夜徘徊をしていても注意されなくなっている。また、インターネットやスマートフォンの普及により少年たちと性犯罪との距離を縮めている側面がある。

さらに、時代的背景のみならず、彼らの家庭環境による影響を大きく受けるのも特徴である。離婚や再婚の問題、家族の抱える犯罪や薬物乱用などの問題、あるいは親による過保護や過干渉、あるいは会話の少なさや愛情の不足や放任といった環境が非行のリスクとなりえる要因として指摘されている。

　これらの、社会的要因に加え、近年では生物学的要因についても言及されるようになってきた。古くから、非行少年の中には軽度の知的障害のある子どもたちがいることは指摘されてきた。これに加え、現在では精神医学の側面から、非行少年たちの特徴を素行障害や反抗挑発性障害としてとらえようとしている。素行障害の有病率は2〜10パーセント、反抗挑発性障害の有病率は1〜11パーセントといわれている。「非行は精神疾患である」という認識について疑問を持たれることもまだ多く、様々な議論がされている。しかし、素行障害が種々の精神疾患や発達障害との関係があること、また服薬による介入が一部に対して行われ、効果を示していることなどからも、生物学的な要因についても考慮しておく必要があると言える。

（2）対応について

　非行に関する問題は生物－心理－社会的からなる複数の要因が相互に関係しあって成り立っていると考えられ始めているように、それに対する対応も多くの側面について同時に働きかけていく必要がある。

① 不信感の払しょくから信頼関係を形成する

　両親や教師に対しては反発的な態度を示し、さらに同年齢の子どもでも、自分の所属する集団以外のものに対しても敵意を示すことがある。このように、非行少年は、特定の仲間集団に属し、学校や家庭から回避する傾向があると指摘されている。発達心理学者である天貝由美子は、信頼感の観点から、一般高校生と非行少年を比較している。その結果、非行少年は他人への信頼感については一般高校生と比べて違いがみられないが、他人に対する不信感が大きいことを指摘している。

この指摘が示しているように、非行少年は周囲に対する反発が強く、こちらが望んで彼らの相談に応じようと思っても、なかなか先に進まない。これについて、先の天貝の知見をふまえると、信頼感を築くという点よりも、不信感をいかに払しょくするかということが重要である。そのため、こうした彼らなりの主張に、まず耳を傾けることが重要となる。彼らがどのような意図をもってその行為に及んだのかをじっくり尋ねる姿勢が、関係作りの第一歩である。

②考える力を育て、衝動性をコントロールする
　衝動性とは、自分の感情を抑制しなかったり善悪についての判断をせずに、行動する傾向のことを言う（「衝動買い」を想像してほしい）。彼らを観察していると、その場の雰囲気や後先のことを考えずに（考える余地もなく）、目の前のできごとに対して、自らの感情のまま攻撃的な態度で問題を解決しようとする。
　これは言い換えれば、衝動性を抑える力が育っていないのである。非行少年たちは、彼ら自身は自らの行為が世間から認められないことを理解しているが、その場面になると、理解されていないという思いや周囲への不信感から非行行為に及んでしまう。そこで、「ちょっと冷静になって、立ち止まって考える力」が重要になってくる。そのため、過去の経験について、相手の立場を考えながら、じっくり話を重ねていくとよいだろう。こうした積み重ねが、徐々に自らの衝動性を抑える力へとつながっていくのである。

③環境を整え、社会生活で必要な基本的なスキルを身につける
　非行の問題の場合、問題を起こした本人に直接働きかけ、物事の善悪の区別をどう理解していくか、ということに注目が集まりがちである。しかし、問題解決に対する動機があまり高くない当事者に、このように働きかけるだけでは十分ではない。むしろ対応の初期段階から家庭や学校に働きかけ、家族や教師の協力を得ていくことが重要となる。
　そのためまずは周囲の環境を整え、長期的な見通しを持ちながら連携協力を

進めていく必要がある。彼らの家族や教師は、それまでの子どもたちの言動に振り回されて疲れ切っている可能性がある。そのため、まず子どもの状態に理解を示した上で、専門家の支援を受けながら連携できるような環境を築いていくことになる。家庭や学校において安定した人間関係と生活環境を整え、基本的な生活習慣を見直すこと、対人関係の調整能力や中長期的な見通しを持った行動の選択ができるようになることなど、基本的な能力を取り上げ身につけていくことになる。一つひとつ課題に根気強く向き合い対処し、成長を支えていくことが必要である。

＜より深く学びたい人のための参考文献＞

宮下一博・大野久 編（2002）『キレる青少年の心―発達臨床心理学的考察 シリーズ 荒れる青少年の心』北大路書房

富田拓（2017）『非行と犯行がおさえられない子どもたち―生物・心理・社会モデルから見る素行症・反抗挑発症の子へのアプローチ』合同出版

第6講　発達障害

1. 発達障害とは

(1) 発達障害とは何か

　生まれつき脳の機能に何らかの障害があるために、認知や運動、言語、知覚などの発達に遅れや偏りが見られ、日常生活を送るうえでさまざまな問題を抱えている状態を**発達障害**と言う。発達障害には、自閉症スペクトラム障害、注意欠如・多動性障害（AD/HD）、学習障害（LD）、知的障害などが含まれる。

　文部科学省が2012年に行った調査から、通常学級に在籍している児童生徒の中で、発達障害の傾向がみられる（医療機関における診断はないが、学習面や行動面で教師が教育上の配慮が必要であると思われるケースを含む）割合は6.5％であることが確認されている。なお、文部科学省の調査では、通常学級に在籍する発達障害傾向のある子どもの割合は、小学1年生では9.8％であったのに対して、中学3年生では3.2％に減っている。発達障害は成長にともなって「（医学的な意味で）治る」ことはないが、日常生活での困難が少なくなったり、障害による特性が目立たなくなることから、年齢とともに発達障害傾向があると考えられる子どもの割合が減少する。

(2) 怖い二次障害

　発達障害傾向のある子どもは、適切な環境で教育を受けることによって、発達上の偏りはあっても、能力を十分に発揮することができる。しかし、障害特性に応じて周囲が適切な対応を行わなかったことによって、発達障害のある子どもが**二次障害**を示すことがある。具体的には、保護者や教師から特性を理解

してもらえず、「どうして、みんなと同じようにできないの？」「みんなはがまんできるのに、なぜあなたはがまんができないの？」などと叱り続けられたり、周りの友だちからいつも笑われたり、からかわれたりすると、結果的に二次障害を抱えることになる。二次障害のある子どもは、「自分はダメな子」と考え、「どうせ、やったってできない」などと最初からあきらめてしまうようになる。二次障害になった子どもは、自己肯定感が低く、大人になっても自分に価値を見出せず、自信のない日々を送ることが続いてしまうケースが多い。

2. 自閉症スペクトラム障害

(1) 自閉症スペクトラム障害とは何か
　最近、**自閉症スペクトラム障害**という言葉が使われることが多くなった。自閉症スペクトラム障害とは、従来の自閉症、アスペルガー症候群、高機能自閉症などを含んだ大きな概念である。
　自閉症スペクトラム障害の詳しい原因は明らかになっていないが、胎生期や周産期に脳に何らかの障害が起こったためであると考えられており、決して保護者の育て方に問題があるわけではない。
　自閉症スペクトラム障害のある人の特性は、大きく①社会的コミュニケーションおよび相互関係における持続的障害、②限定された反復する様式の行動、興味、活動の両方が存在していることがあげられる。

①社会的コミュニケーションおよび相互関係における持続的障害
　人への反応が乏しく、呼びかけられてもふり返らない、相手と視線を合わせようとしないなどの行動がしばしば見られる。また、相手の表情や身ぶり、声のトーンなどの非言語的情報から感情を理解することが苦手である。そのため、相手の感情を無視した言動やその場にそぐわない行動をしてしまうことが多い。また、あいまいな指示を理解することが苦手である。そのため、「部屋をきちんと掃除してください」といった指示では、どこをどう掃除すればきち

んとしているのかがわからず、行動に移せなかったり、不安になったりする。
　さらに、他者と喜びや楽しみを共有したり、協調して活動したり遊んだりすることが苦手であるため、他者に関心がないようにみえたり、友だちを作ることが困難であったりする。

②限定された反復する様式の行動、興味、活動
　型にはまった繰り返しの動作や会話を好む。たとえば、気に入ったCMのフレーズを繰り返し口にしていたり、同じ質問を何度も相手に投げかけ、同じように答えてもらわないと怒るなどがその例である。毎日、同じ図鑑を見ている、扇風機や換気扇のファンがまわるのを飽きることなく眺める子どもも多い。
　また、変化を嫌い、自分の行動パターンにこだわることがある。たとえば、毎朝、同じルートを通り、同じように道草をしないと学校に行けない子どもがいる。工事などで同じパタンで登校できない事態が生じると、激しく動揺し、泣き叫んだり、立ち止まって動けなくなることがある。
　さらに、感覚が敏感すぎたり鈍感すぎたりすることがある。身体に少しふれられただけでも針で刺されたような痛みを感じる一方で、けがをしても痛みをあまり感じないことがある。その他に、大きい音や高い音、サイレン、赤ちゃんの泣き声などを嫌がって耳をふさぐが、一般的には耐え難いとされているガラスや金属のすれる音には平気な場合がある。

(2) 自閉症スペクトラム障害のある人への対応
①コミュニケーション
　自閉症スペクトラム障害のある子どもとコミュニケーションをとる際には、「はっきり、短く、具体的に」することを心がける。自閉症スペクトラム障害のある子どもは、程度の差はあるが、言葉でのコミュニケーションに問題がある場合が多く、抽象的な表現や長い文章を理解することが難しい。たとえば、「お行儀よくしなさい」と言われても、どうすることが行儀の良い行動なのか

がわからずに混乱してしまったりする。そのため、「いすに座って、口を閉じます」などのように具体的にどうすればよいのか、何をしてはいけないのかがわかる話し方をしなければならない。

　また、慣用句を理解することが苦手な子どもが多い。恥ずかしいことを経験したことについて「顔から火が出た」と表現している人に対して、本気で「どこから火がついたの？」と発言したりする。ただし、自閉症スペクトラム障害のある子どもがおかしな返答をしたり、意味の通じないことを言ったりしても、決して笑ったり、プライドを傷つけるようなことをしてはならない。そのような際には、質問を具体的な表現に変えたり、「これは〇〇という意味です」とわかりやすく伝え直すことが必要である。

　②パニックを起こした際の対応
　自閉症スペクトラム障害のある子どもは、極度に不安が高まったり不快な状態が続いたりすると、パニックといわれるかんしゃくを起こすことがある。特に、突発的な出来事が起きるなど、日常と異なる状況になった場合にパニックが起きやすい。まずは、パニックが起こらないようにまわりの環境を整えておくことが必要である。たとえば、普段のスケジュールが変更になることがあらかじめわかっている場合には、事前に伝えておく。また、お守りやキーホルダーのような安心できる物を持たせることでパニックを防げることがある。
　もしパニックが起こってしまった場合には、刺激せず、おさまるまで静かに待つ。なお、ぎゅっと抱きしめたり、手を強くつかんだりするなど、力づくで押さえつけることは逆効果になるので、絶対にしてはならない。パニックがおさまってきたら、この後に何があるかなどの先の見通しをもたせて安心させるようにする。

3. 注意欠如・多動性障害（AD/HD）

（1）AD/HDとは何か
AD/HDとは、Attention Deficit/Hyperactivity Disorderの頭文字から作られた言葉である。AD/HDは不注意（以後、不注意型）、多動性／衝動性（以後、衝動型）のいずれか、あるいは両方の特徴のある状態を言う。

不注意型の子どもは、「注意の集中できる時間が短い」「注意を向ける方向が変化しやすい」「行動している途中で意識がそれてしまう」ことが特徴である。授業中にボーッとしていたり、話し声や外の車の音などのちょっとした音で気が散って、集中力が持続しなかったり、最後まで何かをやり遂げることができなかったりすることがその例である。問題を解く能力があるのにケアレスミスによって点数を取れない、忘れ物が極端に多いことも不注意型の子どもによく見られることである。

衝動型の子どもは、「思いついたら考える前に行動してしまう」「待つことができない」「じっとしていられない」ことが特徴である。具体的には、順番を待っていられずに前の人を押しのけてしまう、授業中にふらふらと立ち歩く、あてられるよりも先に答えてしまうなどのことがあげられる。特に、普段と違う活動をしていたり、不慣れな場所にいたり刺激が多い場所にいるときに、より落ち着きがなくなる。

また、感情のコントロールが苦手で、ちょっとしたことで大声を上げたり、友だちに乱暴をしてしまったりすることがある。そのため、まわりから乱暴な子、先生の言うことを聞かない子などとみられてしまう。また、頭で考えるよりも先に身体が動いてしまうため、急に飛び出してけがをしたり、周りにぶつかってけがをさせてしまったりすることがよくある。

（2）AD/HDのある子どもへの対応
①不注意型の子ども
不注意型の子どもには、気が散らない環境を作ることが大切である。不注意

型の子どもは、「先生の話をしっかりと聞こう」と思っていても、窓の外に人の動きが見えたり、周りの人が話している声が聞こえたりすると、気が散ってしまい、無意識のうちにそちらに注意を向けてしまう。結果的に、話を聞いていないことになる。窓やロッカーに無地のカーテンをかける、外や人の動きなどが見えにくいような座席配置を考える、教室では一番前の真ん中の席にして、他のことに気がとられないようにするなどの工夫が必要である。

また、注意がそれ始めたら、声をかけて注意を戻すことも大切である。外界の刺激を減らすように努力しても、不注意型の子どもは、何かのきっかけで、注意がそれてしまうことがある。これは、本人が努力していても、なかなか改善されることではない。注意がそれ始めたと感じたら、できるだけ早く、声をかけて注意を戻すようにする。子どもの注意が戻り、元の活動をやり始めたら、ほめることが大切である。

さらに、忘れ物が多い子どもに対しては、その子どもにとってやりやすく、続けられる工夫を考え、それを習慣化させることが大切である。たとえば、毎日の持ち物のリストを作成しておき、それを本人に必ず確認させ、連絡帳は（持参忘れを防ぐために）ランドセルにひもでつなげておき、必要なことを連絡帳に書かせるとともに、必ずチェックをさせるなどがその方法である。

最初は教師や保護者と一緒にやりながら、徐々に一人でやれるように促していく。その際にも、「連絡帳に書いた？」「連絡帳をチェックした？」などと尋ね、本人が習慣づけられるようにしていくことが大切である。

②衝動型の子ども

衝動型の子どもの中には、廊下を歩いている人が視界に入ると、すぐに部屋を飛び出してしまう、学級文庫の本が気になったら授業中でも見にいってしまうなど、何かに気がつくとすぐに身体が動いてしまうことがある。この場合は、不注意型の子どもへの対応と同様に、窓やロッカーにカーテンをしめる、人の動きが目に入らないような座席に座らせるなど、気が散らない環境を作ることが効果的である。

また、明確なルールを決めて、少しでも守れたらほめることが大切である。ただし、ルールが決められていても、時間が経ったり、興奮してしまうと、ついそのルールを忘れてしまうことがある。そのため、活動に入る直前に、どのようなルールがあったのかを伝え、守るように約束させることが必要である。加えて、子どもが今、まさにやろうとしている時、がんばっている時に大人が即座にほめることで、衝動型の子どももルールを守れるようになる。

4．LD（学習障害）

(1) LDとは何か

　LD（学習障害） のある子どもは、全体的には知的発達に遅れはないものの、基本的な学習領域である「聞く、話す、読む、書く、計算する、推論する」の中で、一つあるいはいくつかの能力に著しい落ち込みがみられることを言う。たとえば、教科書や黒板などに書いてあるものを読んで理解することはできるが、教師の話す声だけを聞いて理解することができなかったり、他の教科に比べて算数だけが極端にできなかったりする。つまり、LDの子どもは持っている能力がアンバランスであることが大きな特徴である。

　LDのある子どもは、特定の能力以外には問題がないため、周囲から理解されず、「怠けている」「努力が足りない」などと教師や保護者などから言われることがある。努力しているにもかかわらず、周囲からからかわれたり、学習面でつまずいたりすることから、自己評価が低かったり、ストレスをためている子どもが多い。また、他の人の何倍も努力すればよいと保護者や教師が考えて、学習の量を増やすように強制されることがある。しかし、このような対応では、子どもは失敗体験を繰り返し、より自信を無くしてしまったり、やる気を失ってしまうことになる。一人ひとりの認知特性を十分に把握し、得意な部分を生かし、苦手な部分をサポートする教育の方法を工夫することが必要である。

(2) LDのある子どもへの対応
①視覚的、聴覚的な情報と合わせて学習する
　LDのある子どもの中には、音を聞いただけで文字にすることが苦手であったり、逆に文字を見ただけでは何を意味しているのかがわからない子どもがいる。ひらがなであれば、「あひるの『あ』」「いぬの『い』」などと、その文字から始まる言葉のイラストとひらがなを合わせた50音表を用いて、文字を学習させる。それに加えて、学校や家庭では、その50音表を手元に置くようにする。そうすると、文字を書く際に書き方がわからなくなっても、すぐに確認できる。また、漢字や英単語を覚える際にも、イラストと合わせて覚えていくようにする。たとえば、「信号」「signal」を学習する際には、信号のイラストと合せて覚えると、子どもはイメージしやすくなる。
　さらに、漢字を覚える際には、字を分解して、「たて、よこ、はらい」やカタカナなどの音で覚えることも一つの方法である。「字」は「ウ子」、「学」は「ツワ子」と覚えるのがその例である。その他にも、計算はある程度できるが、文章題になると解けない子どもに対して、問題文をイラストで示して伝えることも有効である。

②学習しやすい道具の活用
　LDのある子どもの中には、教科書を読んでいても、文節がどこで切れるのかがわからなかったり、読んでいる途中でどこを読んでいたのかがわからなくなってしまったりするケースがある。そのような場合には、保護者や教師が文節ごとにスラッシュをつけておき、それを子どもが読むようにしたり、読む箇所のみが見えるカバーを用いたりすると良い。
　また、LDのある子どもの中には、手先が不器用な子どもが多く、ノートに文字を書く際に、枠からはみ出してしまったり、バランスが悪いことがある。その場合には大きな枠で、補助線がわかりやすいノートを用いることが必要である。さらに、定規の裏にフェルトやマグネットシートなどで滑り止めをつけておいたり、子どもが書きやすい鉛筆を用意するだけで、「うまくできなかっ

た」という不要な失敗を減らすことができる。

5. 知的障害

(1) 知的障害とは

　知的障害とは、①知的な機能の発達に遅れがあること、②年齢に比べて、社会生活を送る上での適応能力が低いこと、③18歳までの発達期に現れることの3つがそろっている状態を言う。

　知的な機能は知能検査によって測られ、知能指数（IQ）で示される。IQは100を平均とし、70以下の場合に知的な機能に遅れがあると考える。なお、IQが71〜85程度は**境界域**と考えられている。境界域にいる子どもは、状況によっては適応できなかったり、言葉による理解が難しかったりするため、支援が必要となる。**適応能力**とは、社会生活を自立して送るうえで必要とされる能力のことである。具体的には、身辺自立の確立、自己管理、対人関係能力などのことを言う。

(2) 知的障害のある子どもへの対応

　知的障害のある子どもは、程度の違いはあるが、言葉を聞いて理解すること、自分の気持ちを言葉で伝えることが苦手である。相手の言っていることがわからなかったり、自分が置かれている状況を理解できなかったりすると、そのことを表現する方法を持ち合わせていないために、泣いたり反抗したりすることがある。

　知的障害のある子どもと話をする時には、実物やジェスチャー、絵カードなどの視覚的な手がかりを多く用いることが必要である。言葉で伝えられただけではわからなくても、目で見てわかる手がかりがあることによって、理解しやすくなるからである。また、抽象的な内容やあいまいな表現を理解することは苦手であるため、できるだけ具体的に話をすることが必要である。

　知的障害のある子どもは、自分が体験していないことや抽象的な概念を理解

することが苦手である。そのため、身の回りの物を使って具体的に考えられるようにしたり、体験を通して、物事を理解させていくことが必要になる。

また、読み、書き、計算が苦手であったり、手順をなかなか覚えられなかったり、状況を判断して予想したり計画を立てたりすることが難しかったりする。繰り返し、時間をかけてゆっくりとていねいに学ぶことによって、少しずつできるようになっていく。

知的障害のある子どもは、集中力が切れやすく、すぐに飽きてしまうことがある。それは、活動の内容がよくわからなかったり、活動自体の楽しみをなかなか見出せなかったりするためである。まずは、活動の内容を理解しやすいように、説明の仕方の工夫が必要である。たとえば、活動の内容を絵で示す、平易な表現を用いて説明する、短く、具体的に話すなどである。

また、パターンで覚えていくと、活動の内容を理解しやすくなり、活動に集中する時間が長くなってくる。そのためには、繰り返しでパターンを覚えていくようにすることが必要である。

より深く学びたい人のための参考文献
田中康夫（2014）『発達障害の子どもの心と行動がわかる本』西東社
田中哲・藤原里美監修（2015）『発達障害のある子を理解して育てる本』学研

第7講　児童虐待

1. 我が国における児童虐待への取り組み

　図7-1は全国の児童相談所が対応した児童虐待に関する相談件数の推移を示したものである。年を追うごとに相談対応件数が増加しており、2015年には年間10万件を超えたことが示されているが、その推移をみると1990年代の後半から急激に増加していることがわかる。これは児童虐待の発生が急激に増加したというわけではなく、これまでわが国で見過ごされてきたものが児童虐待とみなされるようになり、対応しようとする意識が高まってきたことが理由であ

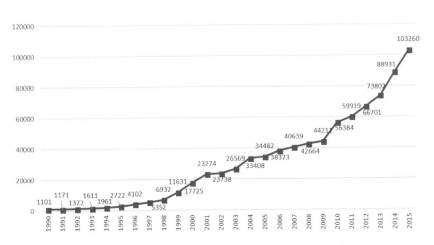

図7-1　児童相談所における児童虐待相談件数の推移
出典：厚生労働省（2016）『平成27年度　児童相談所での児童虐待相談対応件数（速報値）』より

る。その背景にある要因として、最も大きなものの一つに2000年に施行された「児童虐待の防止等に関する法律」の存在がある。通称、**児童虐待防止法**とされるこの法律では児童虐待を明確に定義づけるとともに、学校の教職員や医療関係者など、子どもに関わる専門的職業に従事する者に虐待の早期発見に努めることや虐待を受けている（ことが疑われる）子どもがいた場合に、速やかに児童相談所などに通告する義務があることが規定されている。

児童虐待防止法の制定に先立ち、わが国は国際児童基金が定めた「児童の権利に関する条約（通称、子どもの権利条約）」を批准した。子どもの権利条約は1989年に子どもの基本的人権を国際的に保障するために国連総会で採択された条約であり、18歳未満を児童（子ども）と定義し、子どもたちの権利を示したものである。生きる権利、守られる権利、育つ権利、参加する権利という4つの柱を中心として子どもの生存、発達、保護、参加という包括的な権利を実現、確保するために必要となる事項が規定されている。わが国も、1994年に批准し、それ以降、教育や福祉など様々な領域で子どもの権利を遵守する取り組みが重ねられ、児童虐待防止法の制定を始めとする児童虐待に関する取り組みが推進される大きな契機となった。なお、国連子どもの権利委員会は、日本が子どもの権利条約に批准する際の最終所見として、過度な競争的教育、体罰やいじめなどの学校における暴力、思春期の子どもの自殺などの問題がありまた児童ポルノや子どもが性的搾取の対象になることなど、日本では十分に子どもの権利が守られていない状況があるとして、改善を求める提案、勧告を行っている。その後、こうした提案、勧告に基づき、児童虐待以外にも子どもたちの権利を守るための様々な取り組みが行われている。

2. 児童虐待と児童虐待が子どもに及ぼす影響

児童虐待は身体的虐待、性的虐待、ネグレクト、心理的虐待の4つに分類される。厚生労働省による2016年度福祉行政報告例によると、児童相談所における児童虐待相談対応件数のうち、心理的虐待が51.5%で最も多く、次いで身体

的虐待（26.0％）、ネグレクト（21.1％）、性的虐待（1.3％）となっている。児童虐待は子どもを保護、育成する立場にあるおとなが、子どもの権利を乱用したり、保護しなかったりする行為である。しばしば、しつけと虐待の境界線が議論になるが、それぞれの虐待がどのように子どもの権利を奪う（乱用する）行為なのかという視点からとらえることで、児童虐待の定義が意識しやすくなる。

　こうした児童虐待は子どものその後の育ちに深刻な影響を与えることが報告されている（表7-1）。ここでは、**心的外傷後ストレス障害（PTSD）** とアタッチメントという二つの側面から虐待が子どもたちの育ちに与える影響について考えてみる。

表7-1　児童虐待が子どもに及ぼす影響

（1）認知・学習成績への影響
学力の低さ、学歴の低さや留年率の高さ、特別支援教育を受けている割合の高さなど
（2）心理社会面への影響
攻撃性の高さ（学校での暴力暴言や仲間関係における暴力暴言）、非行や犯罪への関与率の高さ、売春や早期の性交渉・妊娠のリスクの高さ、（性的暴力を含む）暴力に関連する被害にあうリスクの高さなど
（3）精神的健康への影響
PTSD、うつ病や人格障害への罹患や自殺・自傷行為のリスクの高さ、薬物やアルコールなどへの依存のリスクの高さなど
（4）身体的健康への影響
糖尿病や肝疾患などへの影響、視力の低下や虫歯のリスクの高さ、性感染症への罹患の高さなど
（5）虐待の世代間連鎖
子育てをする世代になった時に、虐待の加害者となるリスク（世代間連鎖を否定する研究もある）

出典：Cathy Spatz Widom（2014）『Longterm Consequence of Child Maltreatment. In Jill E. Korbin, Richard D. Krugman（Eds.）, *Handbook of Child Maltreatment*, pp 225-247.』より作成

（1）児童虐待とPTSD

　虐待行為によって子どもたちは時には死を意識するような過酷な暴力にさらされ、心身に深刻なダメージを受けることがある。児童虐待のような暴力だけでなく、事故や災害など、死を意識するような事態（外傷体験）にさらされた時、私たちはそこから逃げ出したり（逃走）、加害者などと戦ったり（闘争）、それができない場合には動くことをやめたり（凍りつき）するといった極端な反応を示す。これは私たちが危機的な状況を乗り越えるためにとる防衛的反応とされている。しかし、危機的な状況が収束してくるとそうした反応も徐々に

緩和されていくことになる。たとえば、地震のような自然災害が発生した際には、余震が続いている間はいつでも逃げ出せるように防衛的反応が維持されるかもしれないが、余震が収まり、避難所からもともと生活していた場所に戻り、日常が回復されてくると防衛的反応は徐々に緩和されて行く。しかし、虐待にはこうした災害や事故とは大きく異なる点がある。それは虐待行為が長期に渡り、繰り返し行われるということである。虐待にさらされてきた子どもたちの防衛的反応の表れである自傷他害を中心とするような問題行動は、その虐待にさらされている間は維持され続けてしまうということである。あまりに長期にわたりそうした状態が続くことで子どもたちの防衛的反応は常態化し、虐待的な環境から保護され、安全が確保されたとしても問題行動が継続してしまう場合も少なくない。

　私たちが災害や事故などの外傷体験にさらされた後、その事態が収まり、日常が回復（一ヶ月以上経過）しても再体験、回避／精神麻痺、過覚醒というような症状が見られることをPTSDという（表7−2）。ところが、虐待のように長期的、反復的な外傷体験にさらされた場合、より重篤な状態に陥ることもある。虐待を受けたことによる傷つきはもちろんだが、その傷が癒されないことへの傷付きが児童虐待にさらされた子どもへの影響の深刻さを生んでいると考えられる。

表7−2　心的外傷後ストレス障害（PTSD）の症状

症状	内容
再体験症状	外傷的出来事に関する不快で苦痛な記憶が突然蘇るフラッシュバックや悪夢が繰り返されること。何かのきっかけで外傷的出来事を想起したときの、強い不安や、動悸や震え、発汗といった身体症状としても見られる。
回避／精神麻痺症状	回避症状とは、外傷的出来事について考えたり話したり、感情がわき起こるのを抑えこんだり、出来事を思い出させる場所や物事を極力避けようとすること。 精神麻痺症状とは、意識清明であったにも関わらず頭が真っ白になり、出来事の一部が思い出せない、趣味や日常の活動に以前ほど興味や関心が向かない、他人との間に壁ができたような孤立感を感じる、感情がマヒしたようで愛情や幸福感などの感情を感じにくい、将来の人生に対して前向きに考えられないといった精神症状のこと。
過覚醒症状	睡眠障害、いらいらして怒りっぽくなる、物事に集中できないといった変化や、何事にも必要以上に警戒したり、物事などちょっとした刺激にもひどくビクビクしてしまうなど精神的緊張が高まった状態。

出典：飛鳥井望（2008）『PTSDの臨床研究　理論と実践』より作成

(2) 児童虐待とアタッチメント

アタッチメントという概念を提唱したボウルビィは、アタッチメントを不安や不快など、危機に直面した際に、他者にくっつくことで安全の感覚を回復、維持しようとする傾向であると説明している。日本語では愛着と表現されるが、愛着という言葉では、いとおしく思うといった「愛」に焦点が当てられるのに対して、ボウルビィはくっつくことで安全の感覚を回復、維持する「着」に焦点を当て、その重要性を指摘している。

アタッチメントは、生理的早産と言われるように未熟な状態で生まれてくる人間の乳児が養育者からの養育を受けるために非常に重要なものである。空腹など、不快な状態が生じた時、乳児は泣くことで養育者を求め、それに応じて養育者は養育行動を行う。その結果、不快な状態は改善され、乳児は心地よい感覚を回復することができる。原因を除去したり、我慢したりするなど、自らの行動や感情を調整することで不快な状態を改善する行動を自律というのに対して、乳児が他者（養育者）の手を借りて行動や感情を調整することを他律と表現する。私たちは、養育者との関係の中で他律を経験することによって、徐々に自律を身につけていくのである。また、こうした経験を重ねる中で、乳児は養育者に対して信頼感を持つようになり、養育者は子どもにとっての安全基地となる。さらに、発達が進むと、子どもは身の回りにあるものへの興味を示し、動き回ろうとするようになるが、こうした探索行動は安全基地を中心に行われ、子どもの中に不安や不快が生じるとすぐに安全基地に戻り、安全の感覚を回復させようとする。自発的に探索活動に取り組むことや自らの力で情動や行動を調整する自律性を獲得することは幼児期の重要な発達課題であるとされており、こうした課題の達成は児童期以降の発達課題の達成の基盤となる。

しかし、虐待はアタッチメントの形成に問題を生じさせ、さらには自律性、自発性といったその後の発達課題の達成を困難にしてしまう可能性がある。養育者がいなくなってしまうのではないかという不安に常におびえ、養育者から離れられなくなってしまったり、危機に直面しても養育者を安全基地として頼ることができなくなってしまったりする。あるいは安全の感覚を回復しようと

養育者を頼った結果、暴力を振るわれると、どのように行動して良いのかわからずに強く混乱してしまうこともある。そのため養育者との関係において安全の感覚を持つことができず、自律性や自発性が十分に獲得されなくなってしまう。自律性や自発性は遊んだり、学習をしたりすることを支える力ともなるため、その形成が十分でない場合には、幼稚園や保育園、学校での生活や学習にも様々な問題を生じさせ、子どもとして豊かな経験を重ねることが困難になってしまう。

3. 児童虐待の発見とその後

先述したような虐待のネガティブな影響を最小限に留めるためには、早期発

表7-3 虐待を受けている子どもが示しやすい特徴

（1）体に現れるサイン
・不自然な外傷が見られる。
・たばこの火を当てられたと見られる火傷、アイロンを当てられたと見られる火傷など、人から受けたと思われる火傷がある。
・指や紐の跡と見られる傷跡がある。
・あざや骨折を発見して、その理由を子どもに尋ねたとき、口ごもったり、明らかに不合理な説明をする。
・短期間のうちに、不自然な箇所のあざ、骨折、火傷を繰り返している。
・これまでなかったような自傷（自分で自分を傷つける）行為や自傷行為の跡が見られる。
・汚れた服をいつまでも着ていたり、また、身体がいつまでも汚れている。
・服装において、他の兄弟姉妹とに極端な差異が見られる。
・体重の極端な増減等、これまでなかったような身体の変化が見られる。
・長期の休暇明けの体重の急激な減少。
・これまでなかったような、爪かみやチック症状などの行為や行動が見られる。
（2）行動に現れるサイン
・家出や徘徊等を繰り返す。
・万引き等の問題行動を繰り返す。
・不登校・理由のはっきりしない遅刻や欠席が目立つ。
・放課後にいつまでも学校に残りたがったり、「家に帰りたくない」と話す。
・反応に乏しく、どこを見ているのかよくわからない眼差しで、元気がない。
・叱られているときに話がきちんと聞けなかったり、まるで他人事のような態度をとる。
・おとなの神経を逆撫でするような言動をわざととることが多い。
・指導時、過度に緊張し、まったく視線を合わせない。
・教職員の顔色を極端に窺ったり、接触を避けようとする。
・些細なことですぐに激怒したり、乱暴な行動を繰り返す。
・以前に比べ、落ち着きがなく、すぐにわかるような嘘をついたりする。
・動物をいじめたり、虐待したりする。
・教職員との人間関係がちょっとしたきっかけで急変する。
・友だちなどと意見が食い違ったとき、すぐに暴力暴言に訴える
・極端に協調性がなく、周囲から孤立している。
・最近、何事にも意欲が乏しく、集中できず、学力面での急激芯低下が見られる。
・給食をがつがつ食べるなど、食べ物への強い執着がある。
（3）性的虐待のサイン
・性的なことに極端に興味をもったり、極端に嫌う。
・他人の言動に過剰に反応したと思ったら、同じ人に過度に依存してみたりといった、「過剰な犯行と依存の両存」傾向が見られる。
・絵画や作文などに性的関係接触を暗示させるようなものが見られる。
・急に性器への関心を見せるようになった。
・年齢に不釣り合いな性器に関する知識をもっている。
・自分の殻に閉じこもる。
・自虐的行為を行う。

出典：玉井邦夫（2013）『学校現場で役立つ子ども虐待対応の手引き』明石書店

見、早期介入が非常に重要である。虐待を受けている子どもを早期発見するためには、虐待を経験した子どもがどのような表れを示すかについて理解しておく必要がある。表7-3に虐待を受けている子どもが示しやすい特徴を示した。虐待を受けている子どもの表れは多岐にわたるため、まずは子どもの小さな変化にしっかりと気づき、複数の大人がその事実を共有、確認することで虐待を早期に発見し、その内容に基づいて児童相談所に通告することが求められる。

　通告の後、児童相談所はその内容について事実確認を行う。児童相談所には一時的に子どもを保護する機能（一時保護機能）があり、事実確認が終わるまでの間、一時的に子どもを保護することもある。その間、児童福祉司による家庭環境などに関する調査や児童心理司による子どもの能力や性格、虐待による心理的な傷つきなどについての調査が行われ、家庭で生活することが可能だと判断されれば、在宅支援を受けながら家庭で生活することになる。しかし、家庭で生活することが不適当であると判断された場合には、子どもは児童福祉施設や里親家庭に措置されることになる。このように保護者に監護させることが適当ではない児童や保護者のない子どもたちを公的責任で社会的に養育し、保護することを**社会的養護**といい、子どもの年齢や家庭状況、心理社会的な特徴に基づいて適切な施設に措置される。近年は里親家庭への措置が推進されており、里親家庭で生活する子どもたちの割合が増えている。社会的養護の施設や里親家庭には表7-4のようなものがある。

　一方、在宅支援を受ける場合には地域の関係機関が連携、協力しながら、見守りと支援にあたることになる。特に**要保護児童対策地域協議会**（要対協）は児童虐待の早期発見、その後の対応や継続的な支援において重要な役割を担う。要対協は教育機関、児童相談所の他、保健所や医療機関、警察、司法関係、地域の民生委員、児童委員、NPOなど様々な関係機関、関係者によって構成され、虐待を受けた子どもを含むハイリスク家庭に対するネットワークによる支援を進める場である。

表7-4 社会的養護の施設、里親家庭について

施設名	施設数	定員	施設の概要
児童養護施設	595	34,044人	保護者のない児童や保護者に監護させることが適当でない児童に対し、安定した生活環境を整えるとともに、生活指導、学習指導、家庭環境の調整等を行いつつ養育を行い、児童の心身の健やかな成長とその自立を支援する機能をもちます。
乳児院	131	3,857人	保護者の養育を受けられない乳幼児を養育する施設です。乳幼児の基本的な養育機能に加え、被虐待児・病児・障害児などに対応できる専門的養育機能を持ちます。
児童心理治療施設	38	1,779人	心理的・精神的問題を抱え日常生活の多岐にわたり支障をきたしている子どもたちに、医療的な観点から生活支援を基盤とした心理治療を行います。施設内の分級なども学校教育との緊密な連携を図りながら、総合的な治療・支援を行います。また併せて、その子どもの家族への支援を行います。比較的短期間（現在の平均在園期間2年4ヶ月）で治療し、家庭復帰や、里親・児童養護施設等での養育につなぐ役割をもちます。また、通所部門を持ち、在宅通所での心理治療等の機能を持つ施設もあります。
児童自立支援施設	58	3,815人	子どもの行動上の問題、特に非行問題を中心に対応する児童自立支援施設は、平成9年の児童福祉法改正により、「教護院」から名称を変更し、「家庭環境その他の環境上の理由により生活指導等を要する児童」も対象に加えました。通所、家庭環境の調整、地域支援、アフターケアなど機能充実を図りつつ、非行ケースへの対応はもとより、他の施設では対応が難しくなったケースの受け皿としての役割を果たしています。
母子生活支援施設	258	5,121世帯	従来は、生活に困窮する母子家庭に住む施設であり、「母子寮」の名称でしたが、平成9年の児童福祉法改正で、施設の目的に「入所者の自立の促進のためにその生活を支援すること」を追加し、名称も変更されました。
自立援助ホーム	113	749人	義務教育を終了した20歳未満の児童であって、児童養護施設等を退所したもの又はその他の都道府県知事が必要と認めたものに対し、これらの者が共同生活を営む住居（自立援助ホーム）において、相談その他の日常生活上の援助、生活指導、就業の支援等を行う事業です。
里親		4,578人 (委託児童数)	家庭における養育を、登録された里親に委託します。
里親ファミリーホーム	218	829人 (委託児童数)	里親養育の中でも、定員5～6名程度の養育を行うものを言います。

出典：厚生労働省（2014年）『各施設の箇所、定員：社会的養護の現状について』および『施設の説明について：社会的養護の施設について』より作成

4. 特別な支援を要する子どもとしての被虐待児

　杉山登志郎は『子ども虐待という第四の発達障害』という本を著し、虐待を受けた子どもを、知的障害、自閉症スペクトラム障害、注意欠如・多動性障害（AD/HD）・学習障害（LD）に続く、4番目の発達障害と位置づけている。杉山は、幼い頃から長年にわたり虐待にさらされることで脳機能の発達に問題が生じ、虐待を経験した子どもたちは自閉症スペクトラム障害やAD/HDの子どもたちと似たような行動特徴を示すようになるとしている。さらに、そうした子どもたちへの関わりについて、発達障害の子どもたちと同じように、特別な配慮が必要な子どもと位置づけることが必要であるとしている。実際に、虐待を受けた子どもたちと関わっていると、対人関係や多動性、衝動性の問題などを抱えている子どもたちと出会うことが多い。一見すると自閉症スペクトラム

障害やAD/HDのように見えるが、彼らの生い立ちに目を向けると、幼少期からの深刻な虐待を経験していることに気付かされる。発達障害の傾向があることが養育者からの虐待的な養育を引き出すリスク要因ともなるため、虐待が先にあったのか、発達障害の傾向が先にあったのかを判断することが難しいケースも少なくない。しかし、虐待を経験した子どもたちの行動をつぶさに観察していると、周囲に誰がいるかによって対人関係や多動性、衝動性の問題の表れ方が異なっていることに気づくこともある。このように虐待を経験してきた子どもたちは、他者との関係性に強く影響されやすいために、自閉症スペクトラム障害やAD/HDの子どもに対する支援が聴覚的、視覚的な刺激など認知面の構造化を中心に行われるのに対して、虐待を経験してきた子どもたちへの支援は同じ人が関わることや人が変わっても一貫した対応ができることなど、対人関係面の構造化を中心に行われる必要がある。

<より深く学びたい人のための参考文献>
杉山登志郎著（2007）『子ども虐待という第四の発達障害』学研プラス
玉井邦夫著（2007）『学校現場で役立つ子ども虐待対応の手引き』明石書店
才村純著（2008）『図表でわかる子ども虐待　保育・教育・養育の現場で活かすために』明石書店
バベット・ロスチャイルド著・久保隆司訳（2015）『これだけは知っておきたいPTSDとトラウマの基礎知識』創元社
米澤好史著（2015）『「愛情の器」モデルに基づく愛着修正プログラム』福村出版
ランディ・バンクロフト／ジェイ・G・シルバーマン著・幾島幸子訳（2017）『DVにさらされる子どもたち』金剛出版

第8講　自殺・リストカット

1. 自殺

(1) わが国における自殺の概要

　わが国は長く経済不況が続き、企業倒産やリストラはすでに社会現象の一つとなっている。凶悪な犯罪や事件が増え、日本はもはや安全な国とは言えない状況になってきている。

　自殺は、社会情勢や社会不安の影響を受ける。過去にも、アイドルの飛び降り自殺を契機に、連鎖反応的に若者の自殺がいっきに増えた時期があった。先年、インターネットのサイトで自殺希望者をつのり、会ったこともなかった者同士で心中（しんじゅう）するという事件がいくつか続いた。また、飛び込み自殺による通勤電車の遅延は毎日のように聞く。

　2018年に発表された警察庁統計資料の自殺者数の年度推移（図8-1）を見ると、1997年を境に急激に上昇して3万人を超えている。同資料によると、2017年度の自殺者数は21,321人で、前年度に比べると576人（-2.6％）となり、2010年以降、減少している。

　2017年度全体を見てみると、図8-2のように、年代別は、50歳代が16.9％（3,593人）、60歳代が3,339人（15.7％）となり、50歳以上の人が全体の56.8％を占めていることがわかる。2016年の厚生労働省「人口動態統計」によると、10～19歳の死亡原因の第1位が「不慮の事故」、2位が「自殺」であった。

(2) 原因

　自殺の原因はさまざまである。近親者の死亡や生き別れ、学業や仕事の失

第8講
自殺・リストカット

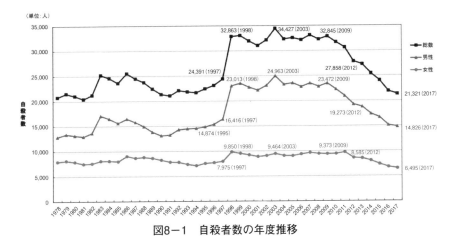

図8-1　自殺者数の年度推移
出典：警察庁生活安全局生活安全企画課（2018）『平成29年中における自殺の状況』
　　　のデータを一部改変

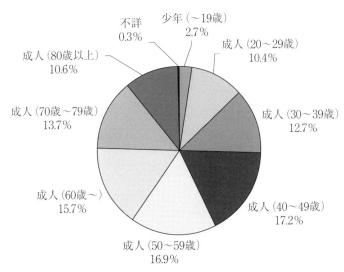

図8-2　年齢別にみた自殺者数
出典：警察庁生活安全局生活安全企画課（2018）『平成29年中における自殺の状況』
　　　のデータを一部改変

敗、あるいは病気やけがなど、何らかの喪失体験が関係した心理ストレスが引き金になったり、精神疾患が自殺企図（自殺を試みること）につながったり、とさまざまな理由がある。自殺はひとつの要因だけではなく、多くの要因が重なりあって起こるものと考えられているが、自殺企図の多くにうつ病がみられたという指摘もある。自殺者のおよそ１／３に精神科の、もう１／３に精神科以外の医療機関への入通院歴があると言われている。

　福島県における自殺者の研究をしている法医学者の平岩幸一と阿部すみ子らは、福島県警の協力のもとに、自殺者の遺族に対するアンケート調査を継続的に実施している。1997年の結果では、「本人にストレスがあった」という報告が最も多かったことから、日常生活のストレスが原因となって**うつ状態**が生じ、時に自殺企図につながることを明らかにしている。また、2004年の調査結果では、自殺前の行動変化として「ふさぎ込み」「厭世的言動」「食事量の減少」など抑うつ傾向が高率で認められた。こうしたことからも、自殺を少しでも防ぐ上で、うつ状態への対処が大切であることがわかる。

(3)　"うつ状態"とはどういうものか
　まず、二つの兆候があるかどうかを観察する。
　　①抑うつ気分
　　　　悲しみ、憂鬱、絶望、みじめさ、意気消沈、心配、苛立ち。
　　②喜び・意欲のなさ
　　　　スポーツ、趣味、友達や家族との関わりなど、いつもの活動に無関心であったり、喜ばない。
　また、以下のことを注意深く観察する。これは、家族や学校・職場などの周囲の人たちの協力も得る必要がある。なるべく多くの目が行き届けば、より状態がつかみやすくなる。
　　③食欲不振と体重減少、または反対に過食。
　　④不眠、悪夢、短時間で目が覚める、早朝覚醒、眠りすぎるなどの睡眠の障害。

⑤始終横になっている、疲れている、やる気がない、などのエネルギーの欠如。
⑥落ち着きがない、そわそわしたり、じっと座っていられない、などの精神的な興奮状態。
⑦自責や強すぎる罪悪感。自分の周りのことに、直接関係していないこと（両親の不仲や兄弟の問題行動など）も自分のせいだと考える傾向。
⑧集中力や思考力の減退。これは、成績が急に下がることで表面化する。
⑨希死念慮（死にたいと思う気持ち）や自殺企図。自傷行為の有無。「死にたい」と自分から言う、あるいは話しているうちにはっきりすることも多いので、聞き出す姿勢が大事である。また、体に傷があるかどうか、についても気をつける。

これらがいくつかでも認められるなら、専門医を受診したほうがよい。こうした状況の場合、休養も大事である。しかし、本人は決断できないことが多いため、周囲が積極的に対処しなくてはならない。また、自分から休めない人が多いので入院して治療することも有効である。**薬物療法**が効果的である場合が多いが、ある時期からは特に認知を修正する心理療法の併用が望ましい。

(4) 若年層の自殺

早過ぎる死は、周囲が前兆や気配、SOSにうまく気づいていたらと惜しまれる。小学生や中学生の死は特に痛ましく、社会に与えるインパクトも大きい（図8-3）。2010年度に比べて、2017年度は高校生以下の占める割合が増えているのがわかる。10代の子どもの自殺の背景については、ローティーンではその大半は学校の問題と家庭の問題であり、ハイティーンになると、これに異性問題や健康問題、うつ病、統合失調症および人格障害などの精神疾患が加わるとされている（図8-4）。

昨今では、子どものうつ病も注目されるようになった。不登校などの背景には、心の変調があることを認識する必要がある。たとえば、不登校の子どもを

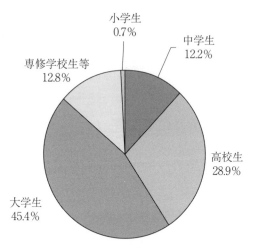

図8-3 学生・生徒等の自殺内訳
出典：警察庁生活安全局生活安全企画課（2018）『平成29年中における自殺の状況』のデータを一部改変

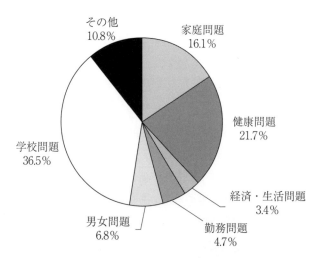

図8-4 未成年者の自殺の原因と動機
出典：警察庁生活安全局生活安全企画課（2018）『平成29年中における自殺の状況』のデータを一部改変

持つ保護者が「授業には出られないのに、学園祭には出かけて行った。好きなことはするのに授業に出ないのは怠けではないか」と言う。これは、やる気が出ない、すべてがおっくうである、といううつ状態の特徴がやや軽い（まったく動けないほどではない）場合に、しばしば生じる事態である。つまり、この子は怠けているのではなく、多少気軽にやれるものはまだできるというだけで、うつが重くなれば学園祭にも行けなくなる。

　専門医の診断を仰ぐことで事態の長期化をまぬがれることがあるだろう。うつは精神力の問題ではなく、まさに臓器としての脳の変調であるから、子どもであるからといって専門医を受診することや薬物療法をむやみに恐れ敬遠することは決してためにならない。第一、エネルギーがなかなか出ずに日々を過ごしているその子どもが一番つらいのである。

2. リストカット

　現在、自傷行為のうちでもっとも多いと言えるのがリストカットであろう。1960年代にアメリカで社会問題となり、精神科医のローゼンタールが「リストカットシンドローム」として発表した。精神科医の西園昌久らは1979年に『手首自傷症候群』として「臨床精神医学」誌に取りあげている。ちなみに、2018年5月にGoogleで検索してみたところ、"リストカット"というキーワードだけで約7,890,000件の情報がヒットしたのである。

（1）リストカットとはどういうものか

　文字どおり手首を刃物などで傷つけることを言う。多くは浅くおもに手首のあたりを切るが、著しいときには腕の内側の手首からひじに近いところまで、横に切った筋が平行してずっとついているクライエントもいる。たいていリストバンドや長袖で隠すが、リストカットがその本人にとって**代償行為**として違和感なく成立していると、人目をはばからない。平気で傷跡を露出していることがある。

思春期の女性で、**境界型パーソナリティ障害**や**気分障害**など情緒不安定があり、誘引には対人関係の葛藤が圧倒的に多いと言われる。摂食障害の、特に過食嘔吐が優勢な場合は、ほとんどに見られると言ってもよい。筆者の経験では、最近小学生でもリストカットをしている子どもに出会うようになり、"リスカ"などと気軽に言う。

(2) なぜ切るのか

死のうと思って手首を切るというよりは、たとえば気持ちがいつもコップに液体が口いっぱいまで入っているような状態で、そこへさらに液が加わればあふれてしまうように、いやな思いやイライラがどうしようもなく高まってしまい、それがつらくてどうにかしないといられなくて手首を切る、といった気持ちの動きがある。リストカットをするクライエントの多くが、「切ると気持ちが楽になる。それで寝られる」と話す。それで気がすむ場合もあるが、代償行為として成り立っていないと、「切ったときはいいけど、すぐに罪悪感でいっぱいになる」というクライエントもいる。

(3) どんなふうに行うのか

手や腕だと人目につくから、と、太ももやおなかを切ることもある。行うのは、「イライラがどうしようもないときだけ」ということもあれば、毎夜眠る前の儀式のように半ば習慣化している場合もある。ひと筋切る人もいれば、もっと切る人もいる。用いる道具は、圧倒的にカッターが多いが、ボールペン、はさみという場合もある。前述したように、横に平行に切ることが多いが、斜めに不規則に切っているクライエントもおり、そのような傷つけ方はイライラの程度や衝動性がかなり強いと見てよい。自殺企図や危険行為につながる恐れがあるため、様子に注意するように保護者など身近な人たちに警告しておく必要がある。

(4) リストカットへの対処

　多くのクライエントは、「痛くてこれ以上切れなかった」「カッターは切れない」などと話し、それほど深く切らないことがほとんどである。しかし、抑うつ感が強いときなどは深くあるいは同じところを何度も切るなどして、傷が大きなものになる場合もあるので注意深く見ておく必要がある。深い傷であれば、救急処置のため病院で手当てしてもらわなければならない。

　思春期青年期治療の第一人者である精神科医の下坂幸三（しもさかこうぞう）は、リストカットに対して「またやったのか」と言うような周囲の態度はよくないとしている。静かに傷を調べて、自分を傷つけてはいけないこと、傷が残ってしまうこと、ひどいときには手や指の機能に後遺症が出る恐れもあることなどの危険について説明する。そして、「つらいんだね」などと簡単に慰めるようなことで終わらせてはいけない。話せるときを選び、リストカットする前にどういうことがあり、どういう気持ちや考えがあったのかについて、ことばで表現してもらうことが有効である。

＜より深く学びたい人のための参考文献＞
高橋祥友（1991）『自殺の危険―臨床的評価と危機介入―』金剛出版
小田晋（2000）『リストカット－手首を切る少女たち－』二見書房
樋口輝彦編著（2003）『自殺企図―その病理と予防・管理―』長井書店
文部科学省（2009）『教師が知っておきたい子どもの自殺予防』

第9講　気分障害

1. 子どもの気分障害

(1) 子どもは小さな大人ではない

　わが国の子どもの自殺は、死因の第1位（先進国では日本のみ）であり、依然深刻な状況である。児童精神科医の傳田健三は、自殺者のおよそ9割はなんらかの精神疾患の症状を示しており、そのうちの7割は気分障害にあてはまると述べている。WHOの『疾病及び関連保健問題の国際統計分類』第10版（ICD-10）によると、「気分（感情）障害」は、抑うつあるいは気分の高揚などがある程度の期間にわたって持続する気分（感情）の変調により、苦痛を感じたり、日常生活に著しい支障をきたしたりする状態のことをいう。気分障害には、うつ病や双極性障害（躁うつ病）などが含まれている。

　ところで、子どもの**気分障害**はその存在が長く疑われてきた。「子どもは元気が一番。子どもは単純だから落ちこんだとしてもすぐに回復して元気になる」というように、子どもは精神的に未熟であり、長期的な気分の変化を体験することがないと考えられてきたからである。しかし、現在では、表9-1に示した通り、子どもの気分障害は珍しい病気ではないことがわかってきている。

(2) 子どもの気分障害の特徴

　子どもの気分障害が大人と同じように診断できるようになったとはいえ、子どもには児童期や青年期ならではの主観的体験や表現がある。また子どもは、自分の感情を言語化することが難しい。そのため、子どもの気分障害を理解していくには、その発達過程や体験、表現の特徴をふまえる必要がある。例え

ば、同じ年齢の子どもであっても自分の内面をどのくらい話すことができるかで、気分障害の症状は違ったものにみえてしまう。気分障害の子どもは、友人や家族と交流しようとしなくなり、無気力で、自己評価が低く、絶望感を抱いていることが多い。大人と比較して、子どもの特徴としては、「自分が悪いから」、「もう、どうしようもない」、「いつも独りぼっち」といった訴えが目立つ。これは、一般的な思春期の子どもたちにもみられる特徴でもある。そのため、子どもたちからうつ気分や絶望感を話してもらうことができたとしても、「思春期だから」と考えてしまうこともあるだろう。気分障害か正常な発達段階の反応の一つなのか正確に様子を捉えるには、家族などの子どもの周囲の人からの情報を参考に、子ども本人の苦痛の程度、その頻度や持続期間、学校や家庭生活にどの程度支障をきたしているかどうかといった視点で理解していくことが重要である。

　東京都立小児総合医療センターの精神科医である菊地祐子は、子どもの気分障害の臨床的な特徴について、**精神発達遅滞**や**自閉症スペクトラム障害**に双極性障害が合併することが少なくないことを強調している。また、欧米では、気分障害の子どもたちには、**素行障害**（以前は行為障害とよばれており、非行行為など反社会的な行動が見られる一群）や自閉症スペクトラム障害、**注意欠如・多動性障害（AD/HD）**などの**発達障害**との合併が指摘されている。つまり、気分障害は素行障害やAD/HD、あるいは自閉症などの発達障害と密接な関連がある。そのため、子どもが暴力的であるときも、うつ病について考慮することが必要である。学校では、イライラしている気分障害の子どもや、周りからの評価から孤独感や絶望感など抑うつ的な感情を抱えている素行障害や発達障害の子ども、そして、気分障害と発達障害を併存している子どもなど、様々な子どもがいる可能性がある。子どもの状態を正確に理解しながら、子どもや家族をサポートしていくことが重要である。

(3) 子どもの気分障害の経過

　気分障害から派生する子どもの行動や生活上の問題はさまざまである。ある

子どもは家庭にひきこもり、ある子どもは不機嫌になり、家出を繰り返す。行動や生活に大きな変化のない子どもも憂うつな気分を抱えて苦痛を感じていることがある（図9-1）。経過については、表9-1に示したように、うつ病（抑うつ障害）の場合は1年以内に自然に治る例が多く、先述したような行動や生活上の問題も改善していく。一方で、大人になって再発する可能性があることや、成人と比較して薬物療法や精神療法の有効性が低いことがわかっている。また、約2割が**双極性障害**に移行していくこと示されている。このことからも、子どもの気分障害がいかに多様で多面的なアプローチが必要であるかを示しているとも言える。

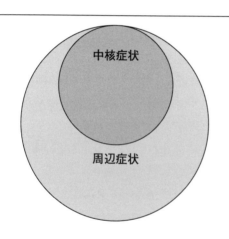

図9-1　うつ病の中核症状と周辺症状
出典：傳田健三（2007）『子どものうつに気づけない！』佼成出版社を一部修正

2. うつ病（抑うつ障害）はからだの病気

　ここからは、気分障害のうち**うつ病（抑うつ障害）**を取り上げる。学校臨床においては、うつ病の方が気づかれやすく、逆にうつ病が見逃されると深刻な状況になる可能性があるからである。ネガティブな出来事に反応して、落ちこみ、抑うつ感情を持つことは誰にでも経験のあることだが、これがいつもと違う様子で2日以上続く時は、うつ状態とみなされる。さらに、心理的な苦痛が大きく、勉強に集中できないなど学校生活に影響があり、これが苦痛な体験として2週間以上、一定の強さで続くとき、うつ病と診断され、うつ状態と区別されている。
　傳田健三は、図9-1のようなモデルを示し、うつ病は中核に身体症状と精神症状をともなうからだの病気であることを主張している。一般的にうつ病は、こころの風邪と表現されることがあり、つらい出来事がうつ病の原因と思われている。しかし、うつ病をからだの病気と捉え直すと、つらい出来事は、うつ病の単なるきっかけに過ぎないことがわかってくる。別の例であるが、ストレス（緊迫した負担となる出来事）が何もなくとも胃潰瘍になる人がいる一方で、明らかに仕事のストレスで胃潰瘍になったと考えられる人もいる。多くの病気は、体質とストレスとのバランスから生じると考えられる。このような考え方を**ストレス脆弱性モデル**とよぶ。うつ病もこのストレス脆弱性モデルをあてはめることができる。実際につらい出来事ではなく希望の高校に合格する、部活でレギュラーに選ばれるなどの良い出来事や変化がストレスになり、それらをきっかけにして、うつ病を発症することもある。うつ病が発症したことで、脳というからだの器官の機能が低下し、気分が高揚するといったエピソードが加わり、双極性障害に発展していくと考えると理解しやすい。
　ストレス脆弱性モデルによるからだの病気としてうつ病を説明すると、こころの風邪として「気の持ちよう」、「なまけ」、「やる気がない」と叱咤激励され、「申し訳ない」、「がんばりたいけど、がんばれない」と感じている子どもにとって救いになるようだ。たとえば、スマホの充電が毎日30パーセントしか

表9−1　児童・青年期の気分障害の臨床的特徴

<うつ病（抑うつ障害）>
1. 児童・青年期のうつ病は決して稀な病態ではなく、児童期では0.5～2.5％（男：女＝1：1）、青年期では2.0～8.0％（男：女＝1：2）の有病率である。
2. 基本的には成人のうつ病と同じ症状（興味・喜びの減退、気力低下、集中力減退、体重減少、食欲障害、睡眠障害、易疲労感（いひろうかん）、倦怠感（けんたいかん）、自殺企図（じさつきと）など）が出現する。
3. 成人と比較すると、社会的引きこもり（不登校など）、身体愁訴（頭痛、腹痛など）、イライラ感・反抗的な態度・家庭内暴力などが特徴的である。
4. 週3回以上の反復するかんしゃくと、ほとんど毎日の怒りを主な特徴とする、重篤気（じゅうとくき）分調節障害（ぶんちょうせつしょうがい）がDSM-5より新設され、抑うつ障害に位置づけられた。
5. 児童期では抑うつ気分は表現しにくい。抑うつ気分よりも焦燥（しょうそう）（あせっている感じ）が見られやすい。
6. 成長期であることを考えて、期待される体重増加が見られない場合も体重減少と同じように扱う。
7. 食欲低下よりも、過食をともなったり（食欲障害）、早朝覚醒や中途覚醒よりも過眠を来したりする（睡眠障害）ことが少なくない。
8. 不安障害（社交恐怖、パニック障害）、強迫性障害、摂食障害、素行障害、注意欠如/多動性障害、自閉症スペクトラム障害、物質使用障害などに合併して出現することが多い。
9. 児童・青年期のうつ病の自然経過は、1年以内に軽快する症例が多いが、数年後あるいは成人になって再発する可能性が高い。およそ2割が双極性障害に移行する。
10. 薬物療法はSSRIが有効であるが、副作用を十分に観察しながら行うことが必要である。
11. 成人と比べて、賦活化症候群（ふかつかしょうこうぐん）（アクティベーションシンドローム：投薬後、ハイテンションになったり、余計にイライラしたりする副作用）が出現しやすい。

<双極性障害>
1. 子どもの双極性障害の有病率は、1～4.3％と報告され、成人を含めた双極性障害の4分の1は15歳以下で発症する。
2. 気分が異常かつ持続的に高揚、開放的で、いらだたしい気分および異常にかつ持続的に増大した目標指向性の活動やエネルギーが見られる。このようないつもと異なる気分が、少なくとも1週間、ほぼ毎日、1日の大半において続く。
3. 成人期よりも不機嫌が目立つ。ただし、いつもと異なるわけではない、慢性の不機嫌さについては、双極性障害よりも抑うつ障害と関連している。
4. 成人期と異なり、症状レベルでは、抑うつ障害と双極性障害は明確に分けにくい。
5. 薬物療法は、状態にあわせて、気分安定薬などが用いられる。

出典：岡田俊（2014）『特集：DSM-5児童精神科領域はどう変わったのか？変わるのか？　双極性障害および関連障害群と抑うつ障害群、児童青年精神医学とその近接領域、55、550-556』より作成

できない状態だったとする。脳（からだ）の機能が低下しエネルギーが少なくなったうつ病の人の感じ方は、このスマホに似ている。「がんばれ」と励まされても充電の量を増やすことができるわけでない。そして、100パーセント充電できていた、以前のエネルギーあふれる自分を思い出してはエネルギーのない現在の自分を責め、イライラし、焦るのである。このように、こころの風邪という説明は、「気分的なもの」「一時的なもの」と周囲の気持ちを軽くするかもしれないが、長引くうつ病に苦しむ本人にとっては悪循環のきっかけになってしまう。さらに、「あのとき、こうすれば良かった」と自責感を抱え悩む家族にとっても、からだの病気という説明は、原因探しよりもからだを休ませる環境づくりなどの前向きな視点を提供する一助となる。

3. 学校での対応のポイント

　子どものうつ病は、近年やっとその存在が注目されるようになり、実態や経過、治療についての報告はまだ多くない。また、子どものうつ病の症状は、十人十色でその子どもによって表面にあらわれる症状は多様であるため、専門の児童精神科医でも子どものうつ病を見逃してしまうことが指摘されている。しかし先述したように、子どものうつ病は、近年の研究から、再発の可能性が少なくなく、他のさまざまな障害を合併する場合があること、対人関係や社会生活における障害が成人期以降に持ち越されてしまう可能性があることがわかっている。自殺のリスクを防ぐためにも、さらに成人期以降の障害を予防、軽減していくために、子どものうつ病に対する認識を高め、治療につなげる対応が重要である。ここでは、具体的に子どものうつ病を見立て、医療に紹介するポイントと学校でできる家族支援のポイントについて説明する。

(1) 医療機関への紹介
　傳田健三の著書『子どものうつに気づけない！』を参考に、まずは、子どもをうつ病と疑い、見立てるポイントについて示す。

①登校しぶり

不登校がすべてうつ病と関係しているわけではない。しかし、学校に行くにはエネルギーが必要である。身体全体のエネルギーが低下した状態では、登校するのがつらい状況となる。ここで、日曜日や夏休みなど学校に行かなければならないプレッシャーがない状態でも、同じような状況が続くようであれば、うつ病を疑うとよい。

②身体症状が続いているが検査では異常がない

漠然とした疲労感、倦怠感（けんたいかん）、痛み、微熱、身体が重いなどの身体症状の訴えがあるものの検査では異常がないことがある。このようなときに、本当に痛く、だるく、辛く、苦しいのをがまんしているのだと考え、うつ病を疑ってみる必要がある。

③睡眠障害、食欲障害が存在する

夜中に目が覚めて眠れない中途覚醒（ちゅうとかくせい）や、朝早く目が覚める早朝覚醒（そうちょうかくせい）などの睡眠障害が2週間以上続く場合、また、不自然な体重減少を伴う（子どもの場合は、予測される体重増加が認められない）食欲障害が2週間以上続く場合、うつ病を考えてみる。

④涙もろくなり、自分を責める

以前はそれほど落ち込むことがなかったのに、くよくよして自分を責めるようになったりすると、「思春期だから」と考えてしまうことがある。しかし、このような変化はうつ病と関連している可能性があるので、経過を観察することが必要である。

⑤環境の変化やライフイベントが存在する

子どものうつ病は、環境の変化がその発症のきっかけとなりやすい。落ち込むようなライフイベントも確かにうつ病のきっかけとなるが、進学や卒業など

がきっかけになることも心にとめておく必要がある。

　このような見立てでうつ病を考えた後、医療への紹介となる。しかし、多くの教師がどのようにしたらよいかとまどうだろう。そのため、スクールカウンセラーに相談してアドバイスを受けることが必要になる。そこで大事なのが、このような状況を子どもや家族が話し始めたときから治療は始まっているということである。子どもが怠けているのではなく、辛さ、苦しさをがまんして生活してきたと受け止め、病院探しも一緒に手伝うといった関わりがスムーズな医療機関の紹介に役立つ。この際、できるだけ児童精神科をすすめるのがよい。また、子どもの変化など見立てた情報をメモにして提供すると、問題が生じる前の状態を知らない医療者には貴重な情報となる。

　ところで、医療機関を紹介する際、援助者として自殺の危険性を認識しておくことは重要であるが、本人や家族に「自殺が心配だから、急いで病院に」といった説明は適切でない。「あせらず、あわてず、あきらめず」の三つの「あ」が治療の合言葉であると傳田健三は提案している。医療につなげたい思いを自殺の心配とつなげて説明することは、子ども本人を追いつめることになる。医療機関への紹介も治療の一環と考え、この三つの「あ」で行うことが大切である。

(2) 家族を支える

　子どもの精神疾患は、子ども自身が表現するのが難しいこと、疾患自体がわかりにくい、わかってもらいにくいことから、家族や周囲の大人の疾患への「否認（ウチの子がうつ病なんてあり得ない）」が見られる。一方、多かれ、少なかれどの家族も問題を抱えているが、子どもが精神疾患にかかると、その精神疾患が家族の問題における諸悪の根源として注目され、「子どもがうつ病だから、ウチはうまくいかない」などと過剰に問題視される場合がある。うつ病が引き起こす子どもの認知の歪みは、自分自身、自分の将来、自分の経験のいずれをも否定的に見るだけでなく、家族に対しても否定的な言動になりやすい。

表9-2　うつ病治療の原則

① 病気であることを確認する。
　治療の必要な「不調」であって、「気のゆるみ」や「怠け」でないことを告げる。
② できるだけ速やかに、出来る限りの休息生活に入らせる。
③ 予想できる治癒の時点をはっきりと述べる。
④ 自殺をしないことを誓約させる。
⑤ 治療終了まで人生にかかわる大問題についてはその決定をすべて延期させる。
⑥ 治療中、病状に一進一退のあることを繰り返し指摘する。
⑦ 服薬の重要性ならびに服薬によって生じうる自律神経性の随伴症状をあらかじめ指摘しておく。関心のある人にはその作用機序を説明する。

出典：笠原嘉（1987）『躁うつ病の精神病理5』弘文堂を一部修正

　このような家族の困難は、ますます疾患への否認あるいは過剰な問題視につながる。少しでも早く治そうと、家族自身の落ちこんだ経験と照らし合わせ、「気の持ちよう」と、自分が困難を乗り切った体験を得意げに子どもに語り、その方法をすすめたり、叱咤激励したりという事態が生じる。しかし、子どもは、その家族からの要請に応えることができず、家族に「申し訳ない」と感じ、ますます悪化していくという悪循環になる。

　援助者は、まずこのような家族の困難や悪循環になりやすい構造を理解することが望まれる。その上で、表9-2に示したような対応を念頭に置き、家族とともに、子どもの健康なところ、今できていることを再確認する。時間をかけ、治療に専念しやすい環境作りに理解を求めていく。こうして、子どもが、うつ病を治療し、学校復帰していく道のりを「あせらず、あわてず、あきらめず」援助していくペースメーカーとなることが期待されるのである。

＜より深く学びたい人のための参考文献＞

細川貂々・大野裕（2003）『ツレと貂々、うつの先生に会いに行く』朝日新聞出版社

傳田健三（2007）『「子どものうつ」に気づけない！医者だから言えること親にしかできないこと』佼成出版社

古川壽亮日本語版監修・解説（2008）『DVD＋BOOK Beck&Beckの認知行動療法ライブセッション』医学書院

第10講　無気力

1. 対応がむずかしい無気力な子ども

　無気力な子どもに適切な対応を行うことはむずかしい。乱暴な子どもやいたずら好きな子どもなどであれば、それなりの対応方法がある。しかし、**無気力**な子どもの場合は勝手が違う。何しろやる気がなくて自発的には何もしようとしないわけである。勉強にしろスポーツにしろその他の活動にしろ、積極的に取り組もうとはしないし、仮に始めたとしてもすぐに放り出してしまうことが多い。何をどう指導するとか、援助するとかいう以前の問題からスタートしなくてはならないのである。

　心理学者の那須正裕は1993年に刊行された『認知心理学者　教育を語る』の中の「声援なき教育のすすめ」で、無気力な子どもの例として、藤子・F・不二雄のマンガ『ドラえもん』に出てくる「のび太」をあげている。この「のび太」を相手に何を教えようと、またどう教えようと、「のれんに腕押し」といったようになかなか効果は期待できない。そのため、教師や保育者からするとなかなか手ごわい相手と言える。

2. 無気力な子どもの特徴

　一般的に、無気力な子どもには次のような特徴がある。①意欲の欠落、②自信の欠如、③興味や関心の不足、④持続力の欠如、⑤無感動、⑥人間関係が不得手、といった点があげられる。最近では、不登校の子どもに共通する特徴として無気力が指摘されることも多い。

また、1987年に発表された東京都教育研究所『思春期における無気力状態の解明に関する研究』では、教師からみた生徒の無気力のイメージとして、以下のような点があげられている。
　①成績がふるわない、学習に集中できない、欠席や遅刻が多いといった授業・課外活動上の問題、および集団行動についていけないなどの友人・教師との人間関係の問題がみられる。
　②あきらめがちである、活力が感じられない、目的意識がない、自己表現が少ないなど、意識や行動面での問題がみられる。
　③幼児性、自己中心性が強く、おとなしいといった性格傾向がみられる。
　④顔色が悪く、身体がだるそうで、元気がない。

　しかし、無気力な「のび太」たちも、最初から無気力だったわけではない。生まれつき無気力な子どもなど存在しないのである。そのことを教師や保育者は忘れてはならない。

3. 無気力の原因

(1) 失敗経験の連続
　子どもが無気力になる原因にはいくつかある。第一にあげられるのは、失敗経験の連続など自分でコントロールできない状況を経験することである。
　心理学者のセリグマンらは、回避できない電気ショックを与えられ続けたイヌが、その後に回避することができる電気ショックを与えられたときにも、電気ショックを回避しようとしなくなる、すなわち無気力な状態になることを実験で確かめた。どのような反応をしようと、自分では電気ショックを回避することができない、つまりコントロールできない状況を経験することによって、イヌがいわば学び取ったこの無気力状態を、セリグマンらは**学習性無力感**と名づけた。その後、電気ショックの代わりに騒音を用いた同様の実験を通して、人間も学習性無力感に陥ることが確認された。

つまり、「何回やってみても、うまくいかない」という失敗経験が重なることによって、人間も「何をやっても無駄だ」という無気力状態に陥ってしまうことが確認されたのである。「どうせ何をやってもうまくいかないんだ」という「のび太」たちの無気力も、この学習性無力感の考え方によって、ある程度まで説明できるだろう。努力しているにもかかわらず、その努力が報われないという、コントロール不能な状況を経験することによって学習性無力感に陥った彼らは、本来はできるはずのことまで不可能と感じ、物事に取り組もうとする気力を失ってしまうわけである。

(2) 原因帰属のしかた

連続した失敗経験などコントロールできない状況を経験しても、無気力にならない例がある。たとえば、試験で悪い点を取ったとき、その原因を「自分は能力がないから」ではなく、「問題が難しかったから」とか「試験のとき、たまたま疲れていたから」と考えるような子どもの場合である。つまり、無気力になるかどうかは、結果の原因をどこに求めるかという**原因帰属**と関連しているのである。

心理学者のエイブラムソンらは、原因帰属理論をもとに改訂学習性無力感理論を提唱し、「内的－外的」、「永続的－一時的」、「全体的－特異的」という三つの次元を設定した（表10－1）。「内的－外的」次元とは原因が自分自身にあるのかどうか、「永続的－一時的」とは原因が長続きするのかどうか、「全体的－特異的」とは原因がそのときの状況に限定されず常にあてはまるのかどうかということである。

たとえば、試験で悪い点を取ったとき、「自分は能力がないから」と考える子どもは、試験の点が悪かったという失敗経験の原因を、自分の能力不足という「内的」要因に求めている。また、能力不足は将来にわたっても容易に変化しない「永続的」要因でもあり、さらに、ほかの試験を受ける場合にも同じように不利に作用すると考えられるので「全体的」要因でもある。このようなケースでは、深刻な無気力状態が生じるだろう。

表10-1　原因帰属の具体例

	内的		外的		
	永続的	一時的	永続的	一時的	
全体的試験で悪い成績をとった生徒	自分には能力がない 自分は怠惰である	そのとき、疲れていた 努力不足だった	テストは不公平だ 誰でもテストではうまくいかないものだ	今日は13日の金曜日だから（運）	無気力広がり　大
特異的試験で悪い成績をとった生徒	自分には数学の能力がない	数学の問題には飽きてしまった	数学のテストは不公平だ 誰でも数学のテストはうまくいかないものだ	数学のテストは印刷が悪かった	無気力広がり　小
	無気力が固定的	無気力が一時的	無気力が固定的	無気力が一時的	
	自尊心の低下　大		自尊心の低下　小		

出典：Abramson, L. Y., Seligman, M. E. P. & Teasdale, J. D. (1978)『Learned helplessness in humans: Critique and reformulation.,*Journal of Abnormal Psychology*, 87, 49-74.』を一部修正

　一方、「努力不足だったから」と考えた場合、それは自分自身の「内的」要因ではあっても、「一時的」要因にすぎないので、その後に努力すれば同じ失敗を防ぐことは十分に期待できる。したがって、その失敗のダメージは「能力不足だから」と考える場合よりもはるかに軽い。したがって無気力状態に陥ることも少ない。

　一般的に、やる気のあふれる子どもは、失敗の原因を努力不足に帰属させ、やる気のとぼしい無気力な「のび太」たちは、失敗の原因を能力不足に帰属させる傾向が強い。このように、個人の原因帰属のしかたには原因帰属の型とよばれる一定のパターンがあり、これが無気力の発生に深く関連しているのである。

(3) 主体性がなく受け身

　子どもたちの中には、「次はこれで遊ぼう」と自分自身で主体的に遊びを決めて、ほかの子どもにも積極的に働きかけていく子どもがいる。一方で、自分自身では何も決められずほかの子どもに誘われるがまま受動的に遊びに加わる子どももいる。

　心理学者のド・シャームは、無気力になるかどうかの要因をチェスのポーンとオリジンにたとえ、次のように説明している。ポーンとはチェスの最も弱い駒であり、人間は一般的に自分が「ポーンである」つまり他人から動かされていると感じたときにはやる気が出ない。一方、自分がチェスの指し手である「オリジンである」つまり自分の行動を自分で決定できると感じていると、やる気が出てくる。すなわち、自分自身で主体的に遊びを決めてほかの子どもにも積極的に働きかけていく子どもはオリジンであり、自分自身では何も決められず受動的に遊びに加わる子どもはポーンであるというわけである。

　また、自分は「ポーンである」と感じている者は、実際には自分で自由にできる状況にあっても、他者に依存して行動し、何事に対しても消極的になりがちになる。無気力な「のび太」たちは、このようなポーンの役割を引き受けてしまっていることが多いと言える。他人から動かされてばかりで、自らの意志で選択する自己決定の機会がとぼしい環境におかれると、「自分は他人から動かされる存在である」という信念を形成してしまい、これが無気力につながっていくのである。

4. 無気力への対応

(1) 成功経験を与える

　前述したように、子どもが無気力になるきっかけは失敗経験の連続にある。したがって、子どもを無気力状態から抜け出させるには、反対に成功経験を与え、「自分はできるのだ」という自信をもたせることが必要である。

　「どうせ自分にはできない」とか「やっても無駄」と、自分で自分の可能性

を閉じてしまっている子どもは、何事かを達成した経験がとぼしく、親や教師・保育者にほめられることも稀であることが多い。そのため、いつまでたっても自分の行動に確信がもてず、自分自身を肯定的にとらえる気持ちも育たないのである。

　このような子どもに自信を与えるには、まず、明確で具体的なことばを用いて、子どもの達成意欲をかきたてるような目標設定をすることである。肝心なのは、子どもの能力で無理なく達成できるような小さな目標を用意することである。容易な課題をクリアさせることで成功経験を与えながら、徐々にレベルを上げていくようにする。ただし、子どもの無気力を解消するには、単に成功経験を与えるだけでは不十分である。次に述べるように、問題は失敗した場合の原因帰属のあり方が関係している。

(2) 原因帰属の型を修正する

　無気力の発生が原因帰属の型と関連していることは前述のとおりである。したがって、子どもの無気力を解消するには、無気力な子どもに特徴的な原因帰属の型を修正することが有効な方法となる。

　心理学者のドウェックは、子どもが失敗経験の原因を何に帰属させるか研究を行い、帰属のさせ方に問題がある場合、それを修正するための**再帰属法**という訓練法を考案した。

　ドウェックは無気力な子どもを二つのグループに分けて実験を行った。一つのグループ（帰属訓練群）には、基本的に子どもが現在の学力で無理なく解答できる問題を与えるが、その中にあえていくつか難問をまじえ、意図的にミスを誘うようにした。もう一つのグループ（成功経験群）には、現在の学力で無理なく解答できる問題ばかりを与え、決してミスをしないようにした。

　最初のグループでは、子どもがミスをおかした場合、「努力不足が原因であり、能力不足が原因ではない」ことを強調するメッセージを子どもに与えた。すると、子どもたちはその後、失敗をしても、それは「自分の努力不足が原因」だと考えるようになったため、以前のように挫折することも、無気力にな

ることもなく、学習に積極的に取り組むようになり、成績も向上していった。他方のグループでは、成功経験だけを重ねる訓練を行ったが、これは何の成果も生み出さなかった。実験の後、ひとたび失敗に直面した子どもは、実験の前と同様に挫折し、無気力な状態に陥ったのである。つまり、失敗の原因が「自分の能力不足」であるとする原因帰属の型は修正されなかったのである（図10－1）。

　要するに、成功経験を与えることは重要ではあるが、無気力な子どもの原因帰属の型を修正するには、あえて失敗経験も与えた上で、その失敗の原因は「努力不足」という「一時的」要因であり、克服することができるものなのだという認識をもたせることが必要なのである。

　毎日の学校生活の中でも、子どもが何か失敗をしたときには、教師や保育者が「努力すれば、今度はきっと成功するよ」というように、子どもが失敗の原

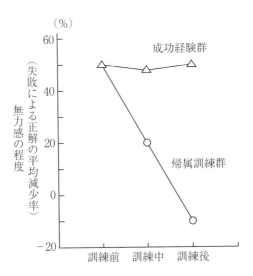

図10－1　成功経験群と帰属訓練群の失敗導入による無力感の変化
出典：Dweck, C. S.（1975）『The role of expectation and attributions in the alleviation of learned helplessness., Journal of Personality and Social Psychology, 31, 674-685.』より引用

因を「一時的」要因と考えられるようなメッセージを送るようにする。そうすれば、子どもは自分の能力不足に絶望して、自信を失ったりすることはなくなるだろう。

ところが、逆に、「算数は苦手かな？」などと、「永続的」な理由づけに結びつくようなメッセージを送ると、子どもは自分にはもともと能力がないのだと思い込み、ますます無気力な状態に陥ってしまう。教師や保育者は、自分たちの何気ないひとことが、子どもの無気力を解消もし、また促進もするということを自覚してほしい。

(3) モデリング

「子は親の背中を見て育つ」というが、親や教師・保育者は自分で教えているつもりがなくても、子どもの方では大人たちのものの考え方、とらえ方を自然と学び取っていることが多い。このように、自分以外の人間の行動を見たり、その話を聞いたりすることによって、自分の行動を変えていくことを、心理学者のバンデュラは**モデリング**とよんだ。子どもにとっては、親や教師・保育者は大きな影響力をもったモデルであり、その何気ない行動やことばに子どもはいつも注目し、そこに込められたものの見方をまねていくものである。

したがって、教師や保育者はふだんの自分自身の言動をいま一度反省してみることが必要である。失敗しても決してくじけず、前向きに努力する大人の姿は、子どもが無気力な状態から抜け出す上で、最適のモデルとなるに違いない。

(4) 主体性を育む

無気力な子どもは、チェスのポーンにあたる役割をとっていることが多いと述べた。では、無気力な子どもがチェスの指し手（オリジン）の役割をとれるようにするにはどうしたらよいだろうか。

大切なのは、自分の行動を自分の意志で決定できるような選択の自由を与えることである。たとえば、自分の好きな本を自分のペースで読む時間をつくっ

たり、給食を自分が食べられると思う分量だけ取る機会を設けたりというように、さまざまな自己決定の場を提供することが必要である。

　これは決して子どもに好き勝手を許すことではない。ポイントは自分自身が自分の意志で自分の行動を選択したという感覚、すなわち自分は他人から動かされる存在ではなく、自分自身が主人公として自分の行動を決定するのだという感覚をもたせることである。重要なのは、子どもの行動の内容や結果のよしあしではなく、自分の意志で行動したのだという自己決定感を実感させることなのである。

(5) 子どもの努力が評価される環境づくり

　「自分はできるのだ」、「努力すれば何とかなるのだ」と信じることの大切さは、ドゥエックの実験からも明らかである。しかし、心理学者の波多野誼余夫と稲垣佳世子は1981年の著書『無気力の心理学　やりがいの条件』の中で、これによりただちに「しつけや教育の場では、もっと努力を強調すべきだ」と結論づけることには疑問があるとしている。とくに日本のように伝統的に努力が美化されている社会において、努力ばかりを強調しすぎるのはむしろ危険でさえあると警鐘を鳴らしている。

　つまり、「いくら努力してもわからない」「努力しても、誰も認めてくれない」という状況の中で、「努力すれば、きっと成功する」「やればできるのだから、やる気を出してがんばりなさい」と励ますのは残酷なことだというのである。心理学者の宮田加久子は、1991年の著書『無気力のメカニズム—その予防と克服のために』の中で、友だち、あるいは教師や保育者、家族など、自分と同じ集団に属する者から、認められたり関心を向けられたりすることが、「またがんばろう」という気持ちにつながると述べている。つまり努力そのものに加え、その努力を評価することが必要なのである。精一杯の努力をしたことの価値を子どもが実感できるような環境づくりが求められる。

　また、人間関係に関してはいくら努力してもうまくいかない場合もある。コンピュータやテレビゲームでは、自分がコントロールしている実感を得ること

ができるが、人間関係ではそうはいかない。人間は人間をコントロールできない。このことを、教師や保育者は、友だちとの関わりを通じて教えていく必要があるだろう。

＜より深く学びたい人のための参考図書＞
波多野誼余夫・稲垣佳世子（1981）『無気力の心理学　やりがいの条件』中央公論社
桜井茂男（1997）『学習意欲の心理学　自ら学ぶ子どもを育てる』誠信書房
市川伸一（2001）『学ぶ意欲の心理学』PHP研究所
奈須正裕（2002）『やる気はどこから来るのか　意欲の心理学理論』北大路書房

第11講　摂食障害

1. 摂食障害と社会文化

　摂食障害とは、本来本能であるはずの"食べる"行動が障害される状態を言う。「太るから食べない」「食べちゃったら吐けば太らない」「お腹はいっぱいなのに食べたくなる。それで食べ出したら止まらない」などのように、痩せ願望や食べることが制御できないという実感がある一方、「お腹がすかない」「少し食べるともう入らない」「食べると気持ち悪くなるから、食べるのが怖い」と、あくまで胃腸の違和感としてのみ感じられている場合もある。

　摂食障害は、発展途上国ではほとんど見られず、経済的に豊かな国である欧米や日本で増加している。時代、社会のありかたや文化が大きく関わっている。その発症には、何らかの挫折体験や心理的ストレスが引き金になるが、その土台に、やせていることが"きれい""かっこいい"とされ、ダイエットが日常化している現代の風潮がある。「太っていてはダメ」なのである。自信がない、うまくいかない不足感や傷つきを補うために、やせること、食べない（あるいは食べ過ぎる）こと、または体重や体型を支配することを実行するのである。

　さらに健康志向性も現代の風潮である。それが行き過ぎて"食へのこだわり"が増長する場合もある。痩せたいというより"身体に悪い食べもの"を避けようと考えて、まず脂肪を除き、穀物を減らし、いろいろしているうちに野菜や海草類しか食べられなくなり、食べる量も減っていった、というのはよく聞くエピソードである。

　食べることが自然に行えないことは、第一に身体への負担が問題になるが、

日常生活や周囲の環境への支障も見逃せない。思春期・青年期においては、食行動が制約されることによって、もっとも重要でむずかしい"友人関係"が同じように制約される。一緒に「お茶をしたり」「ランチをしたり」できないことは、「友だちとつきあえない」ことにつながる。一緒に行動しないと「話題が合わなくなって」、やがて会うのが苦になる。そして、学校などに登校しにくくなり、対人不安感がますます強化され、自分のことに集中せざるを得なくなる。

また、思春期・青年期は自分について意識が集中する年代である。「自分が大嫌い」というクライエントが、脂肪を「醜い」「必要ないもの」と嫌悪する様子は、あたかも嫌いな自分を脂肪に見立てて、自分から排除しようとしているように見える。「やせていると心も軽い」という感覚もある。

摂食障害を心理的に読み解くならば、さまざまな葛藤が自分の身体において表現され、自分の価値や自信を、モデルのような体重やスリムな体型に見出して努力する。この一点で自分を支えようとしていると言えるのかもしれない。

2. 摂食障害とはどういう病気なのか

(1) 摂食障害の概要

拒食症（神経性無食欲症） と**過食症（神経性大食症）** の二つのタイプがある。これらは拒食のあとに過食が起こる、というように関連して起こることが多い。また交互に繰り返すこともある。ダイエットが引き金となって拒食症が始まり、やがて過食症に転じるという例が多い。また、拒食は、食べる量を制限するタイプと、気晴らし食い・嘔吐や下剤乱用をするタイプに分かれ、後者のほうが治療が長引くなど予後はよくない。過食は、気晴らし食いだけのタイプと、気晴らし食い・嘔吐や下剤乱用をするタイプに分かれる。

現在では"病気"として扱われるが、パーソナリティ障害や**気分障害**との関連が強く、摂食障害が単一で取りあげられることは少ない。注意欠如・多動性障害などの発達障害を併存する場合も少なくない。また、全般性不安障害も多

く認められ、この場合、気分の落ち込み、イライラ感などの抑うつが強く、自傷行為や家庭内暴力もしばしばみられる。当然、治療には適切な薬物療法と心理療法が必要となる。心理療法は、ただ気持ちを受容して聞くというだけのカウンセリングではなく、よく理解をして、家族へのサポートを始め、クライエントとその環境に対して具体的かつ実行可能な対応策が求められる。

主に思春期の女性に多いが、最近では発症年齢が小学生高学年から30代にかけてと幅広くなっている。男性の例は統計資料によると増加は止まっているとされているが、症例数は増えているという指摘もある。

近年、摂食障害者に関する全国調査が行われていないため実態把握ができていない。2000年の厚生労働省の研究委託による全国調査では、疾病分類が異なるために全体を比較することはできないが、拒食症と過食症だけを1992年度の結果と単純に比較してみると、過食症の割合が多くなっていることがわかる（図11−1）。この過食症の増加は、2010年にまとめられた、全国の大学病院及

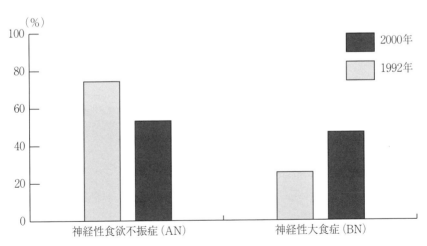

図11−1　神経性食欲不振症（AN）と神経性大食症（BN）の割合
出典：国立精神・神経センター精神保健研究所（2001）『厚生科学研究特定疾患対策研究事業　特定疾患の疫学に関する研究班（主任研究者　稲葉裕）平成12年度研究業績集』を引用

びその関連施設の精神科ないし心療内科の医師へのアンケート調査においても認められる。

(2) 摂食障害の歴史的変遷

摂食障害のもっとも古い記述は、女性の極端な食欲不振とやせ状態についてイギリスの医師モートンが1689年に報告したものである。日本では1960年代に初めて報告されたが、その後急激に増加し、現在では珍しい病気ではなくなっている。たとえば、アメリカの女性歌手カレン・カーペンターが拒食症で死亡し、イギリスのダイアナ妃が過食症にかかっていたことや、拒食症になってやせ細ったアイドルの映像などがメディアを通じて流されたことなどから摂食障害に対する一般の注目を集めた。

神経性無食欲症という病名を初めて使用したのは、1873年イギリスの医学者ガルである。1900年代初め、拒食症の原因が脳下垂体障害と考えられた時期もあったが、まもなく精神病理の面に焦点があてられるようになった。近年では、社会文化的背景、家族要因、個人特性において準備因子のある人に、ダイエットやストレスなどの誘発因子が加わって発症する、という説が有力である。1980年になり、アメリカ精神医学会は患者の症状に基づき、神経性無食欲症と神経性大食症の診断基準を作成し、数年ごとに改訂を重ねている。

3. 拒食症と過食症の診断基準と特徴について

(1) 拒食症

拒食症はダイエットが行き過ぎたり、胃の具合が悪い・食欲がないなどの理由で、極端に体重が減っているのに、「もっと痩せたい」「脂肪がついた身体は醜い」「痩せていると、心も楽にいられる」と、食物を制限や拒否したり、実際に食べられなくなる病気である。

診断基準として、次の4点があげられている。

①標準体重から−15％以上体重が少ない。

②体重が不足していても、体重が増えること、または肥満となることに対する強い恐怖（肥満恐怖）がある。
③自分の体重や体型に対する感じ方が障害されている。たとえば、体重や体型が自己評価に過剰に影響する。または、現実の低体重の重大さを否認する。
④（女性であれば）無月経。

さらにその特徴として、
①思春期に発症することが多く、女性に多い。しかし最近では、小学校高学年くらいから発症がみられるなど低年齢化が進んでおり、男性にもみられる。
②食べることを拒否する、隠れて食べる、強迫的にカロリー計算する、嘔吐する、など食行動の異常がみられる。
③痩せているのにそれを認めず、太りすぎていると思い込んでいる。周囲の説得には耳を貸さない。家族や治療者がいくら「痩せすぎ」を指摘しても、やせていることを認めないばかりか、「おなかが出ている」などと太っていると主張したりする。
④歩く（多い人は3〜4時間）、筋肉トレーニングなど過剰な運動を日課にして実行する。一見元気によく動き回り、活動的。
⑤自分が病気であるとはまったく思わない。危険も感じておらず、痩せを維持しようとする。

(2) 過食症

過食症は現在増加しているが、吐いたり下剤を使ったりしているため、外見からはわかりにくいので、家族が気づくまでに時間がかかる。また、過食は心理的ストレス発散の効果も高いので、いったん発症すると長期化しやすい。いわゆる"やけ食い"の発展型と考えれば想像しやすいが、その食べる量は尋常ではない。食費もかかり、家の食物が夜中に食べられてしまうなど、家族の生

活にもさまざまな影響を及ぼす。

過食症の診断基準は次のとおりである。
　①気晴らし食いを繰り返す。気晴らし食いとは、空腹感がなくても、大量の食べ物をまるで詰め込むように食べることを言い、何時間も食べ続けたり、食べることがとめられない制御不能の感覚をともなう。
　②気晴らし食いによって太ることを防ぐために、不適切な代償行動として、自発性嘔吐（指を突っ込むなどして強制的に吐くこと）、下剤濫用、絶食、過剰な運動などを繰り返す。
　③この気晴らし食いや不適切な代償行動が、ともに少なくとも3ヶ月間に週2回起きている。

また特徴として次のような点があげられる。
　①自分の過食を恥じており、これを隠そうとする。
　②精神的にいらいら、抑うつ、自己嫌悪などの症状をともなう。この苦しみは非常に強いことが多い。
　③過食していても、外見的には標準体型あるいはそれよりやせている人が多い。つまり、みかけからはそれとわからないことが多い。

4. 摂食障害者への対応

　摂食障害は、低栄養状態や代償行動によって、さまざまな身体症状を招くことがある（図11-2）。特に代表的なものが、嘔吐にともなう歯の異常である。逆流した胃液が歯のエナメル質を溶かしてしまい虫歯ができる。普通、嘔吐は頻繁に行われるので深刻なものになりやすい。吐く人には"吐いた後必ずよくうがいや歯磨きをすること"をまず忠告する必要がある。
　摂食障害は、かつて病院の内分泌科で扱われた。低栄養状態では、女性の場合、身体への余分な負担を避けるために生理が止まり、ホルモンの異常を起こす。これは、栄養状態が改善すれば自然に復活するものであるが、初潮前の低

第11講
摂食障害

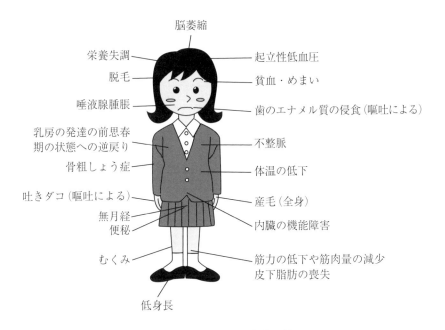

図11-2 摂食障害の身体症状

出典：山崎晃資・山内俊雄・下坂幸三編著（1999）『心の家庭医学』保健同人社を一部改変して引用

年齢時に発症し長期間を経た場合には、ホルモン治療などをほどこしても戻らないことがある。戻っても、将来、不妊や婦人科疾患などの危険がともなうことを、クライエントに伝えることが重要である。

　注意しなくてはならないのが、拒食症のクライエントの数パーセントは死亡していることである。原因は栄養失調のほかに食べないことによる低血糖や、嘔吐や下剤濫用によるカリウム低下が原因となった心不全などである。血液検査の数字だけではなく脱水の有無など全身状態を考慮し、危険を本人や家族にあらかじめよく説明しておく必要がある。なお、精神科医との連携は必須である。

摂食障害は、家族や家庭生活への影響・負担が著しい。生命の危機という深刻な問題もだが、過食は家計を圧迫し、嘔吐・ひどい下痢・などの行為による音や悪臭、汚れものの不始末など衛生面の負担といった問題は、特に母親をノイローゼ状態にしてしまう。したがって、ただクライエントの話を受容的に聞いているだけでは不足である。クライエントを抱える家族ごと応援する必要がある。家族も参加する面接で、具体的かつ実施可能な対応策を出していくことが求められる。それにはまず家族全員が状況を正しく共通理解することが前提となり、ここでカウンセラーの専門家としての"心理教育的な説明・解釈・翻訳"機能が役に立つのである。

　ここ数年、もともと**発達障害**やその傾向があり、その二次的疾病として摂食障害を発症しているケース報告も目立つようになった。特に発達障害特有のこだわりと摂食問題が結びついている場合、やみくもに症状をなくそうとするのは逆効果であり、療育的な配慮が重要となる。同様に、不安障害を合わせ持っているクライアントには、摂食障害そのものより不安障害に焦点をあてた治療が必要となる。

　また、長期に及ぶことも多いため、学校現場との連携も重要となる。担任教師や養護教諭の理解によってクライエントに対する環境のサポート力が増し、登校や進路を考えることも可能になる。

＜より深く学びたい人のための参考図書＞
松木邦弘（1997）『摂食障害の治療技法　対象関係論からのアプローチ』金剛出版
後藤雅博編著（2000）『摂食障害の家族心理教育』金剛出版
下坂幸三（2001）『摂食障害治療のこつ』金剛出版

第12講　統合失調症

　統合失調症とは、かつての精神分裂病のことである。「精神が分裂する」ということばがもつ響きがとても否定的であること、そのことばが偏見を助長するなどの理由で、2002年に精神分裂病から統合失調症に病名が変更された。この病気には何らかの偏見や差別をともなうことが多く、それは統合失調症という病気を誤解していたり、知らなかったりすることからきている。

　ここで、代表的な例を一つあげてみる。よくあるのは、「統合失調症の人は凶暴である」という誤解である。特に、「また精神障害者が犯罪をおこす！」などの見出しがついたニュースが流れると、この傾向は強まるようである。たいていの精神科の病院やクリニックには、デイケア（リハビリテーションを目的にした治療グループ）があるが、そこで統合失調症の方と私が料理をしていることを知った友人が、「そんなことをして怖くないの？」「身の危険は感じないの？」と聞いてきたことがある。一瞬、筆者には友人が何を言いたいのか理解できなかったが、徐々に「私が彼らといっしょに包丁を使う」という事実に驚いていたのだとわかった。つまり、その友人の頭の中には「統合失調症の人は危険である」という認識ができあがっていたのである。私はその友人に「それはむしろ逆だよ。統合失調症の人が危険なのではなく、統合失調症の人は外の世界が怖くて仕方がないんだよ。彼らにとっては、社会や私たちを含めた外の世界が危険に感じられているんだよ」と伝えた。そして、「統合失調症の人が事件をおこすような不幸なできごとがないとは言わないが、それは統合失調症ではない人と同じかそれ以下の確率でしかなく、治療をきちんと受けている人はめったにそのようなことはしない。だから、彼らといっしょに料理をしていて身の危険を感じたことはないよ」とつけくわえた。

1. 統合失調症とは

統合失調症がひとつの病気として分類されたのはそれほど昔のことではなく、およそ19世紀末から20世紀初めにかけての研究が起源になっている。ドイツのクレペリンは、青年期に発病し、進行性に感情が鈍くなり、やがては精神の荒廃状態に陥る病気があるとし、1896年に早発性痴呆という疾患を示した。これが今日の統合失調症の原型となった。また、同時代のスイスのブロイラーは、クレペリンの概念に当てはまる患者がいることを認めたが、必ずしも精神の荒廃状態が起こるわけではなく、思考の障害、特に考えや話すことなど自分の思考をまとめあげる能力が弱まってしまう**連合弛緩**をこの病気の基本的な症状とした。これに加えて、感情の抑揚がなくなった状態である感情の平板化、1日中何もせず自分の世界にこもっているかのような状態である自閉、そして、ある行動をしようとすると別な考えが浮かんでしまって行動できなくなる両価性といった状態を重要な症状とみなした。この4つのドイツ語の頭文字がすべて「A」であることから、これらは4Aとよばれる。そしてブロイラーは、精神機能がバラバラになるという意味で1911年に「精神分裂病」という概念を提唱した。統合失調症の原因や診断・治療法をめぐっての議論は現代に至るまで続いている。

2. 原因

精神的な症状が出ることから、統合失調症は「こころの病」として理解されることが多いが、現在有力になっている説は**ドーパミン過剰説**というものである。これは純粋に「こころの病」ではなく、「脳の神経細胞ネットワークの病気」ということを意味している。ごく簡単に述べれば、ドーパミンという脳内伝達物質が大量に放出されることで、一種の過敏な状態が作り出されるという仮説である。これが後に述べるような**妄想**(現実にはないようなことを事実と感じる)や、**幻聴**(現実には誰も声を出していないのに声が聞こえる)とよば

れる現象の原因と考えられている。なぜ仮説かといえば、第一には、MRIやCTといった脳の断層写真などで病気の場所が特定できるわけではないからである。第二には、ドーパミンを遮断する薬を使用すると症状が軽くなるという経験的事実に基づいているにすぎないからである。

　ドーパミンが過剰に放出されるといった状態がなぜ起こるのかという疑問があるが、それに対する明確な答えはまだ出ていない。遺伝の問題、ストレス、家族の関わり方など、いろいろなことが言われているが、確実に言えるのは、これらの問題すべてを抱えている場合、通常よりも発病の可能性が高くなるということである。この意味で、統合失調症は、一つの原因で起こるのではなく、多くの原因が重なって起きる多因子疾患であると考えられている。

　統合失調症を解明するために、脳の何らかの変化を仮定したり、遺伝子レベルの研究をするという流れが現代の中心的なものであるが、この60〜70年の間に、家族関係やコミュニケーションの質など、心理学的な視点から統合失調症の原因について数多くの説が出されている。

　また、統計的な報告によれば、100人〜140人に1人が統合失調症になるといわれている。うつ病が中年期以降に多発するのに対し、統合失調症は10代から30代前半にかけて発病のピークがある。

3. 症状

　統合失調症の症状は実に多彩である。ここでは、正常な心理状態では見られないものが症状として存在するという**陽性症状**と、逆に正常な心理状態では見られるものが欠如してしまう**陰性症状**の二つに分けることにする。

(1) 陽性症状

　実在しないものが見えるという**幻覚**、現実にはないようなことを事実と感じる妄想、現実には誰も声を出していないのに声が聞こえるという幻聴、何か他の力によってある行動をさせられてしまうと感じるような「させられ体験」

(**作為体験**)、激しい興奮、地球が破裂してしまうのではないかといったような異常な緊張感などがある。その他にも、思考障害や自我障害の現れと考えられている**考想仮声**（自分の考えていることが声になって聞こえる）、**思考奪取**（自分の考えが盗まれると感じる）、**思考伝播**（自分の考えを周りの人が知っていると感じる）、**思考吹入**（他者によって自分に考えが吹き込まれる）などがよく見られる症状である。たいていの場合、上記の症状には被害感がともなっており、そのような妄想を特に**被害妄想**とよぶ。

　学校現場であるならば、いじめなどとの区別が必要であるが、いじめの事実がないのに「友だちが自分のことを悪くうわさしている。そのうわさは学校中に広まっている」といった訴えがある場合、一応、統合失調症の可能性を考えておいた方がよい。ちなみに妄想には一般的な説得は効果がない。その理由の一つとして、内面から出てくる「わけのわからない恐怖」を、「外から攻撃される恐怖」におきかえることでバランスを保とうとする必死の努力の結果が妄想だからである。内側から生じる恐怖には対処しようがないが、外側からの恐怖ならば対応策を考えることができるというメカニズムである。したがって、妄想を訂正しようとする試みは、本人が必死に自分を守ろうとする無意識的な努力をおびやかす働きかけとなってしまうので、慎重な対応が必要である。

(2) 陰性症状

　前述の陽性症状が発病した時に見られることが多い一方、陰性症状は病気になって何年かしてから目立ってくることが多い。症状としては、気力が出ない、感情の表現が少なくなる、自分の内面にこもっているように見える、思考や会話内容が乏しくなるなどである。当然のことながら、ひととの接触は好まず、専門家の判断のもとに、しばらく休養をしたり、デイケアのようなリハビリテーション施設を利用していくなどの対応が必要になる。集中力の低下、身だしなみに関心がなくなるなど、さまざまな形で陰性症状は出現するが、決して「根性なし」であるとか「なまけ者」であるのではなく、それも症状なのだという理解が必要である。後に述べる病気の経過と重なるが、陽性症状が出て

いるときは脳が興奮した状態にあるわけで、心身ともに大変エネルギーを使うものである。陰性症状は心身のエネルギーの回復に必要なものという見方もできる。

　学校現場で陰性症状が目立つ生徒に会うことはまれであろうが、不登校とかひきこもりといった現象の背景に統合失調症が見られることもある。そのあたりの判断は非常に難しいので、精神科医にアドバイスを求めたり、家族から本人の状況を聴くことが重要な決め手になる。

(3) 病気の経過

　統合失調症の症状には個人差があるので、一般論を述べることは難しいが、だいたい共通する経過がある。ここでは、①前兆期、②急性期、③休息期、そして④回復期の4つの時期に分けて簡単に説明する（図12-1）。

①前兆期

　この時期は、眠れない、音に敏感になる、あせる気持ちが強い、気分が変わ

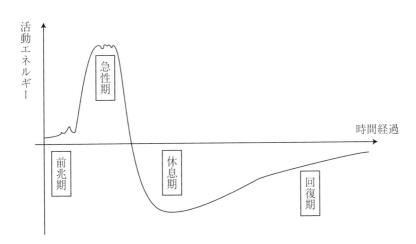

図12-1　統合失調症の経過

りやすいという状態が見られる。実はこのような状態になっていても、家族や学校関係者は気がつかないままに病状が進行することが多い。この中でも眠れないという訴えにくわえて、音に敏感になるという訴えがある場合は要注意である。気持ちが興奮しているので過労にならないような配慮や、睡眠不足にならないように病院で薬物療法を受けることが大切である。

②急性期

　この時期は、もっとも病状が激しい時期であり、先ほど述べた陽性症状が活発に出現することが多い。この時期になると学校での様子も目立ち、学校に出てこられなくなることも多くなる。スクールカウンセラーとして、あるいは学校の教師として、このような状態に気づいたら、すぐに家族と連携して精神科を受診するように強くすすめるべきである。もしも本人や家族が相談に来て、病院へ行くことに抵抗感を示したとしても、はっきりとした態度で「カウンセリングがお役に立つこともあるだろうけれど、まずは病院にかかって薬を飲んで安定してからの方がよいと思う」と伝えるべきである。ただしそれと同時に、現在の精神科は、従来のイメージよりも明るい雰囲気であることなどを伝える配慮もした方がよい。それが本人や家族の不安をやわらげ、治療意欲を増すことにつながる。この時期に無理をさせることなく、ゆっくり眠って休息をとらせること、安心感を与えることは特に重要である。

③休息期

　この時期は消耗期（しょうもうき）とも言われ、上記の急性期でエネルギーを使いきり、疲れきった状態に見える時期である。この状態は、いわゆるうつ病に似ているが、興奮した時期の反動で心身ともに休んでいる時期であるという理解が必要である。訴えとしては眠気、体のだるさ、意欲のなさ、自信のなさなどが多く、外へ出ようとする気力がまったく感じられない。しかし、ここで休息することは非常に大切であって、無理に学校に行かせようとするなどのプレッシャーを与えると、病状の悪化をまねくことが多い。数ヶ月から1年は続く時期であり、

関わる人があせることは禁物である。

④回復期
　休息期のような動きのない時期から回復し、少しずつ季節感を感じるようになるなど、ゆとりが出てきて、周囲への関心が増加してくる。この時期は楽しみながらリハビリをすることが大切である。統合失調症はとても再発しやすい病気であり、再発すると回復にはさらに長い時間がかかるという特徴がある。いくらゆとりが出てきたからといって、「治った」と勝手に決めることはさけた方がよい。

4．対応

　先述したように、統合失調症にはさまざまな特徴があるため、関わる人はそれを十分に理解しておく必要がある。たとえば、妄想への対応にしても、統合失調症という病気の知識がなければ、安易に説得しようとしてしまうだろう。まずは本人の恐怖感に一定の共感を示し、すぐに精神科を紹介して薬物療法を開始しなくてはならない。陽性症状が活発な時期は、興奮しやすかったりすることが多いため、学校で深く話を聞くことは控えた方が無難である。特に、臨床心理士をはじめとするスクールカウンセラーは、1回の面接に50分あるいは60分程度の時間をかけるスタイルに慣れているが、統合失調症の発症が疑われる場合、ある程度の情報を入手したら、あとは医療レベルでの治療につなげていくことが最優先になる。
　次に、精神科医による治療が始まって、本人が学校に復帰してきた場合であるが、やはり話はていねいにかつ支持的に、あまり深めずに聞いていく方がよい。なるべくならば学校という場では、本人がちょっとした息抜きができる場を提供するぐらいの意識で関わることが望ましい。
　学校現場ではまれなケースではあるが、もしも「今、私のことを『おかしい』と言いませんでしたか？」などと切迫した表情で言われた場合、感情的に反論

することは絶対にしてはならない。本人は想像を絶する不安な状態にあるため、静かにあたたかみのある口調で「そんなことはないよ」と伝えるとか、「そう感じちゃったらつらいね」と返す程度にして、深く追求しない対応を心がけるべきであろう。

　家族はもちろんのこと、学校全体も、病気の知識がないと非常に不安になったり、かえって症状の悪化につながる対応をしがちである。しっかりとした知識を身につけ、研修会などを開き、教師が適切に支援できるような働きかけをするとよい。

　最後に薬物療法について少しふれる。統合失調症の人に処方される薬は、抗精神病薬（メジャー・トランキライザー）というものがメインで、強い鎮静作用がある。それと同時に副作用が出ることがある。代表的なものは、喉の乾き、眠気などの自律神経症状、足などがソワソワして落ち着かない（アカシジア）、目が上を向いたままになる（ジストニア）、手が震えるとか動きがスローになる（パーキンソン症状）といった錐体外路症状（すいたいがいろしょうじょう）がある。1990年代以降に開発されたいわゆる非定型抗精神病薬（第2世代）は副作用が少ないとされているが、体重増加と糖尿病悪化のリスクが知られている。統合失調症自体の症状ではなく、薬の副作用が悩みになる場合があるので、このような知識も身につけておくと対応に役立つ。

＜より深く学びたい人のための参考図書＞
遠山照彦（1997）『分裂病はどんな病気か』萌文社
E・フラー・トーリー著　南光進一郎他監訳（1997）『分裂病がわかる本』日本評論社
遠山照彦（1998）『分裂病はどう治すのか』萌文社
小此木啓吾他編著（1998）『精神医学ハンドブック』創元社
松木邦裕（2000）『精神病というこころ』新曜社
丹羽真一編著（2009）『やさしい統合失調症の自己管理』医薬ジャーナル社
小林和彦（2010）『ボクには世界がこう見えていた』新潮社

第13講　性の多様性

1. 性の多様性を学ぶにあたって

　近年、いくつかの地域で性の多様性を尊重する社会づくりを目指した条例が制定されるなど、性的マイノリティを含む**性の多様性**に対する社会的関心が高まっている。こうしたなか、文部科学省は2015年に「性同一性障害に係る児童生徒に対するきめ細やかな対応の実施等について」という通知を出し、各種学校等に**性的マイノリティ**とされる児童生徒が在籍しているとしたうえで、教育相談体制の充実を求めた。

　性的マイノリティを表現する言葉としてLGBTという言葉が社会的に認知されているが、LGBTとはレズビアン、ゲイ、バイセクシャル、トランスジェンダーの頭文字をとったものである。しかし、LGBTだけではなく、Q：クエスチョニング、A：アセクシャルなど、多様な性の在り方を表現する言葉もある（表13−1）。しかし、性のあり様は明確に分類されるものではない。私たちの性のあり様はからだの性、こころの性、好きになる性の三つの側面からとらえることができる。からだの性とは、性染色体や性腺、内性器や外性器などの身体的な性を表し、こころの性はその人が自分の性をどのようにとらえているかという認識（**性自認**）を示している。また、好きになる性は誰を好きになるかといった性的欲望の方向性（**性的指向**）のことを指している。こうした性の側面は明確に男女に二分されるものではなく、グラデーションをなすものであるととらえる方がより正確である。ここでは便宜的にLGBTや性的マイノリティという表現を用いるが、いくつかのタイプに分類したり、性的マイノリティと性的マジョリティや当事者と非当事者というように、いずれかのグループに分

けたりすることができるような単純なものではなく、多様さを持つものであると理解しておくことが重要である。

表13-1　性の多様性を学ぶための基本的な用語

レズビアン	女性同性愛。性自認も性的指向も女性。身体的性が男性でも、性自認が女性で性的指向が女性の場合にはMtFレズビアン。
ゲイ	男性同性愛。性自認も性的指向も男性。身体的性が女性でも、性自認が男性で性的指向が男性の場合にはFtMゲイ。
ヘテロセクシャル	異性愛。性自認とは異なる性の人を好きになる人。
バイセクシャル	性的指向が異性の場合も、同性の場合もある人。異性も同性も好きになる人という意味だけではなく、好きになる相手の性別は問わないという意味の場合もある。
トランスジェンダー	身体的性と性自認が一致していないという感覚（性別違和）を持っている人。身体的性と性自認を一致させたい人もいればそれを望まない人もいる。出生時の身体的性が男性で、性自認が女性の人をMtF（Male to Female）、出生時の身体的性が女性で、性自認が男性の人をFtM（Female to Male）と表現する。
シスジェンダー	身体的性と性自認が一致している人。
パンセクシャル	全体愛。すべての愛の在り様の人が恋愛の対象となる人。
アセクシャル	異性も同性も（あるいは性別に関係なく）恋愛の対象とならない人。
クエスチョニング	自分の性の在り様を決められない、わからない、あるいはあえて決めない人。

出典：薬師実芳ら（2014）『LGBTって何だろう？からだの性・こころの性・好きになる性』合同出版より作成

2. 性的マイノリティと学校心理学上の課題

　ゲイやバイセクシャルの男性を対象とした調査を行ってきた日高庸晴は、ゲイやバイセクシャルの男性は自らの性的指向を学齢期初期に自覚することを示しており、小中学校の段階ですでに周囲との差異を感じたりし始めている場合もあることはしっかりと理解しておきたいところである。
　そもそも思春期は自我同一性を模索する傾向が強まる時期である。自分の性格や将来像など様々なことについて考え、多くの価値観に触れながら自分らしい生き方を見つけようと模索する。しかし、性的マイノリティの人たちの自我同一性の発達には大きな困難が伴うという指摘もある。葛西真記子は「児童期・思春期のセクシャル・マイノリティを支えるスクールカウンセリング」の中で、人種や社会的階層のように、家族やコミュニティそのものがマイノリティである場合と異なり、性的マイノリティは自分自身が家族の中で唯一のマ

イノリティであるかもしれないために、身近にモデルとなる存在を見つけることが難しく、自分らしさを確立することが困難になってしまうとしている。特に、身近な家族が性の多様さを受け入れる姿勢を持っていない場合には自身の中に同性愛や両性愛に対する偏見が根付いてしまい、自尊感情や自己イメージにネガティブな影響が及ぶとしている。

　周囲からのネガティブなメッセージに触れることが多い性的マイノリティの子どもたちは、自殺やいじめ被害、不登校などメンタルヘルス上の問題を抱えるリスクが高いと言われるが、彼らが性のあり様に関する悩みを相談することは容易ではない。彼らの多くは自分の性のあり様やそれに関連する悩みを理解してもらえるか、あるいはそのことが原因でいじめや差別の対象になるのではないかという不安を抱いているために、身近な人に相談できず、インターネットなどから情報を得ようとしたり、同じような経験をしている人との出会いを求めたりすることがある。結果的に、良い仲間と出会うことができる場合もあるが、性被害や脅迫などのトラブルに巻き込まれてしまったり、出会いを求めて深夜に外出するなど行動上が非行と判断されてしまったりすることもあるということにも十分に留意しておく必要がある。

3. キャリア教育の視点から見た性の多様性

　筆者が性別違和を持つ大学生くらいの年齢の若者たちと話をしている中で、中学校から高校に進学する時にどのようにして進路を選んだかについて尋ねたところ、彼らが口を揃えて言っていたのは「制服がないところ」であった。また、「地元じゃない学校の方がいい」「なるべく知っている人が少ない学校がいい」という話も出ていた。このように、性的マイノリティの児童生徒は進路選択の際、学力や校風などだけではなく、自身の性自認や性的指向を考慮した上で選択をするという事態に直面している。また、小学校から高校、大学などに籍を置いている間はあいまいにしていたり、周囲の一部の人だけに伝えていたりしたことでも、就職を機に自分がどのような生き方を選択するかを明らかに

することが求められる場合もある。そのため、性的マイノリティの子どもたちにとっての職業選択は、単に職業を選択するだけではなく、生き方そのものについての大きな決断を迫られる事態となる場合もある。一般的なキャリア教育には性的マイノリティの存在が想定されていないために、性的マイノリティの子どもたちは自分がどのように生きていくのかについての選択肢を持つことが難しい現実がある。

4. 教師の意識とカリキュラム

　教職員全般を対象とした調査では、7〜8割が性的マイノリティの児童生徒と会ったことがない、もしくはわからないと回答したことが示されているのに対して、公立高校の養護教諭を対象とした調査を行った筆者の調査では、養護教諭ではおよそ6割が性的マイノリティの児童生徒から何らかの相談を受けた経験を持っていることを明らかにし、同じ教職員でもその立場や役割によって、経験にも意識にも大きな差異が存在していることがわかっている。文部科学省の2015年の通知などでも示されているように、性的マイノリティ児童生徒への対応は教職員がチームとして対応にあたることが必要であり、そのためには教職員間の共通理解が不可欠であるにもかかわらず、校内体制の整備が進んでいない現状にあると言える。

　また性的マイノリティ児童生徒にとって、周囲の児童生徒からのネガティブなメッセージに触れることは大きなダメージを与えられることになるため、周囲の児童生徒の性の多様性についての理解を高める必要がある。教師の多くも性の多様性について授業で取り扱う必要があると考えているが、教師は自らの理解の不十分さや、テーマとしての取り扱いにくさを感じていると考えられる。

　高等学校の学習指導要領の分析を行った松尾由希子は、学習指導要領は男女という典型的な性のあり様で構成されており、典型的な性のあり様については理解しやすくなる一方で、性的マイノリティの性のあり様は見えにくくなると

した。さらに、文部科学省の通知では性的マイノリティの児童生徒への相談体制の充実を推進している一方で、学習指導要領上はそうした児童生徒はその存在を認めていない状況にある矛盾を指摘するとともに、相談体制の充実に加え、学習指導要領にも性の多様性に関する内容を取り入れていく必要性を指摘している。授業では、多くの児童生徒に共通する事項についての学びを進めることが必要な一方で、それに該当しない児童生徒に対する配慮をどのようにするのかということは大きな課題となる。男女の一般的な性の発達や特徴について教えてはいけないということではなく、多様性への理解を含めた教育を進める必要がある。性的マイノリティの児童生徒の中には彼らに配慮した教師の一言や振る舞いに勇気づけられる子もいることを理解しておくことが重要である。

　また、学習指導要領のように明文化されたカリキュラム以外にも、学校の中の「隠れたカリキュラム」の影響に目を向けることも必要である。隠れたカリキュラムとは学習指導要領のような公式に明文化されたカリキュラム以外の、教師を含めた学校文化が意図しないままに子どもたちに伝え、教えるようなカリキュラムのことである。たとえば、国語の授業で取りあげられる教材が異性愛に基づくものに大きく偏っていたり、保健体育の授業で教師が同性愛を「おかしい」と表現したりした場合、そうした言動を通じて児童生徒は同性愛や性別違和を不自然なもの、奇異なものとして暗黙のうちに理解してしまうかもしれない。こうした隠れたカリキュラムの影響も含めて、学校教育の中で性の多様性についてどのように扱うかは今後の課題と言える。そのためには、まず教師自身が多様な性についての正しい認識を持つことが必要である。

5. 学校、教師が取り組むこと

　実際に教師として児童生徒やその保護者から性自認や性的指向についての相談を受けた時、以下のような点に留意して対応する必要がある。

(1) 教師自身が正しい知識を身につけ、実践する

　性自認や性的指向に悩む児童生徒を支援するためには、まず教師自身が正しい知識を身につけることが必要である。近年、性的マイノリティについての理解を深めることに役立つ書籍が多く刊行され、研修の機会も増えている。さらに、当事者の話を聞く機会も提供されるようになってきている。そこで得られる知識をもとにして、自分の中にある感情の動きとも向き合う必要がある。人によっては性的マイノリティに対する嫌悪感（ホモフォビア、トランスフォビア）を抱くこともあるかもしれない。まずは、そうした感情、感覚があることを否定せずに、自分の中にそうした感情、感覚があることを認めることから始めてみる必要がある。問題なのは、そうした嫌悪感や男女以外の性別を認めない価値観などが、意識的に、無意識的に児童生徒に伝わっていくことである。児童生徒が差別的な言葉を用いている場面を逃さずに介入することができるだろうか。あるいは教師自身が授業中に異性愛のみを前提にした話をしたり、十分な配慮無しに男女のグループに分けたりしていないだろうか。そうした教師としての振る舞いにしっかりと目を向けてみよう。

(2) 問題の背景に性自認や性的指向の関与を考える

　学齢期にある子どもたちの性自認や性的指向は流動的である。児童生徒自身も自分が何に違和感を抱いているのかということを自覚できていない場合もある。そうした場合には、体調不良の訴えや人間関係がうまくいかないなど、異なった形で教師に訴えられることもあるかもしれない。そのため、教師が想像をする「もしかしたら…」という可能性の中の一つに性自認や性的指向の関与を含めておく必要がある。しかし、直接的に児童生徒に教師の側からそのことについて問いかけるのは良い対応とは言えない。まずは表面化している問題、児童生徒が訴えてくる問題に対処しながら、児童生徒が相談しやすい関係を築いていく必要がある。

（3）性の多様性について肯定的なメッセージを発信する

　児童生徒が性自認や性的指向についての悩みを教師に相談することを迷っている時、子どもたちは教師の言動に注意を向け、本当に信頼できる人だろうか、話しても大丈夫だろうか、ということについての情報を集めようとするだろう。そうした中、授業の中で性の多様性について触れたり、教室や保健室、相談室に性の多様性に関する本やポスターを置いたりすることで児童生徒が相談しやすいように、性の多様性についての肯定的なメッセージを発信することは、相談へのハードルを下げることにつながるだろう。

（4）まずはしっかりと話を聴く

　児童生徒から性自認や性的指向についての話を聞いた時、あなた自身、驚いたり、動揺したりすることがあるだろう。しかし、そうした話をすることは児童生徒にとってとても勇気が必要なことであり、あなたのことを信頼しているからこそ、話をしてくれていることを認識する必要がある。具体的な助言を求められることがあるかもしれないが、まずは児童生徒が話したいと思っていることにしっかりと耳を傾けることを心掛ける。葛西真紀子は性的マイノリティの児童生徒が相談しようと思えるカウンセラーの特徴を、性的マイノリティに対して肯定的で、擁護的であること、性的マイノリティに関連する事柄に対して常に敏感で意識的であることとしているが、こうした態度はカウンセラーだけではなく、教師にも共通することである。

　助言を求められたり、対処を求められた場合には、その場で結論を出すのではなく、自分の他に誰にだったら話をしてもいいかということを確認する。そして、養護教諭やスクールカウンセラーなどの力も借りながら助言したり、対処したりすることができるような体制を整える。この時、本人の了解を得ることなく、他の教職員や児童生徒の友人、家族に相談があったことを伝えることには慎重である必要がある。本人の了解を得ずに性自認や性的指向を他者に伝える（暴露する）ことをアウティングというが、アウティングの結果、大きな精神的苦痛を味わうことになってしまうこともある。まずはしっかりと話を聞

き、対処していくために誰にだったら話をして良いかということを確認しながら進めていく必要がある。

(5) 具体的な対応について児童生徒と一緒に考える

「自分の望む性の制服で登校したい」「お手洗いについて配慮してほしい」など学校生活について児童生徒から具体的に対処してほしいという希望が出されることがある。文部科学省の『性同一性障害や性的指向・性自認に係る、児童生徒に対するきめ細かな対応等の実施について（教職員向け）』の中に示された支援事例は、どのようなことに配慮するかを理解する上ではおおいに参考になる。ただし、性自認や性的指向に悩む児童生徒がいた時に、一律にこうした対応を取れば良いと理解すべきではなく、児童生徒との相談のうえで決めていくことが重要である。

(6) 保護者や関連機関等との連携

子どもが性自認や性的指向に関する悩みを抱えていることを知った時の保護者の対応は様々である。受け入れることが困難であったり、不安や怒りを表現したりするかもしれない。そうしたなかで私たちにできることはそうした保護者の気持ちに耳を傾けながら、児童生徒が抱えている苦しさや困難を少しでも解消するためにできることについて話し合おうとする姿勢を保ち続けることである。対応の道筋が見えない場合には専門家や当事者団体からの助言を参考にしてみるのも良いだろう。

一方、医療機関の受診について、性同一性障害の診断を数多く行ってきた針間克己は、医学的な疾患の多くは早期発見、早期治療によって悪化を防ぐことができるが、性別違和に関しては早めに医療機関を受診させさえすればいいわけではない、としている。児童生徒自身が医療機関を受診することについての心の準備をしたうえで受診しなければ、教師や保護者が自分の問題に向き合ってくれなかった、問題をたらいまわしにされたと感じてしまうかもしれない。このように、医療機関の受診を勧めることには慎重になる必要があるが、本人

が希望している、自傷行為など他の症状が出現している、不登校や学校での不適応が見られる、というような場合には医療機関の受診を勧める必要がある。

<より深く学びたい人のための参考文献>
加藤慶・渡辺大輔編著『セクシュアルマイノリティをめぐる学校教育と支援　増補版』（2012）開成出版
針間克己・平田俊明編著（2014）『セクシュアル・マイノリティへの心理的支援』岩崎学術出版社
薬師実芳・笹原千奈未・古堂達也・小川奈津己著（2014）『LGBTってなんだろう？　からだの性・こころの性・好きになる性』合同出版
遠藤まめた著（2016）『先生と親のためのLGBTガイド　もしあなたがカミングアウトされたら』合同出版
はたさちこ・藤田ひろみ・桂木祥子編著（2016）『学校・病院で必ず役立つ　LGBTサポートブック』保育社
原ミナ汰・土肥いつき編著（2016）『にじ色の本棚　LGBTブックガイド』三一書房
渡辺大輔監修（2016）『いろいろな性、いろいろな生きかた』ポプラ社

第14講　死別体験

　病気、事故、災害、自死などさまざまな理由で、大切な人との死別を体験する子どもがいる。子どもにとってその体験が、人生を大きく変化させる出来事になることは少なくない。この講では、大切な人との死別体験が子どもにもたらす影響や学校でできる支援などについて考えていく。

1. 死別体験がもたらす喪失と悲嘆

　大切な人が亡くなるということは、喪失の体験である。子どもにとって大切な人の存在というのは、愛着や依存の対象であり、無意識的であっても自分の一部のように感じている事が少なくない。実際に筆者は、喪失を体験した子ども達から「私の体が半分無くなった」「自分が薄くなって消えそう」「体に穴があいている」と表現されたことがある。愛着や依存の対象を失う体験は、精神分析の領域では**対象喪失**とよばれる。また、死別による**喪失体験**は、大切な人の存在そのものの喪失だけでなく、その人が存在することで持つことができていた夢や希望なども同時に失うことが多い。小此木啓吾は、1979年に著した『対象喪失』の中で、自分の心の外にある人物や環境が実際に失われる経験を**外的対象喪失**、その人物の心の中だけで起こる対象喪失を**内的対象喪失**として分類している。

　喪失によってもたらされる悲しみなどの反応は**悲嘆（グリーフ）**とよばれ、子どもの死と向き合い続けている小児科医の細谷亮太は、グリーフを「ある人にとってかけがえのないものを失ったときの悲しみとなげき」であると述べている。死別体験をした際に**悲嘆反応**が生じることは、ごく自然なことであり正常な反応である。しかし、強い悲嘆が長期的に継続することもあり、喪失を経

験し悲嘆の中にいる子どもたちには、大人による適切な支援が必要である。多くの場合は、悲嘆反応を経験しても、安心できる環境の中で過ごすことにより、さまざまな症状は少しずつ軽減していくのである。

2. 子どもの悲嘆

　死別を経験することで生じるストレス反応は悲嘆反応や喪失反応とよばれる。ここでは、まずストレス反応とは何か、なぜ起きるのかについて述べた後に、子どもに見られる悲嘆反応やその特徴について整理する。

(1) ストレス反応はなぜ起きるのか
　私たちは、何かショックを受けた時や負担を感じる出来事が起きた時に「ストレスがかかる」と表現する。このストレスの原因である出来事のことをストレッサーとよび、ストレッサーに対応しようとして起きる心身の緊張などの反応をストレス反応と呼んでいる。この心身に緊張をもたらすストレッサーは、すべての場面でマイナスに働くものではない。何かをがんばるための適度な刺激となったり、やり遂げることで達成感を持たせてくれたりすることもある。また、さほど強くなくさらに継続的でもないストレッサーに対しては、誰かに相談したり気晴らしをしたりして、上手に解消することができると困るような心身の症状は出てこない。しかし死別体験など、対処することが困難な強い刺激が降りかかると、日常生活に影響を及ぼすような心身のさまざまな症状が反応として表れてくるのである。

(2) 子どもの悲嘆反応の分類
　リンダ・エスピーは、2005年に著した『私たちの先生は子どもたち！子どもの「悲嘆」をサポートする本』の中で、大切な人との死別を体験し悲嘆の中にある子どもたちが共通に示す反応の例をあげている。また、小林朋子らが2010年に子どもの支援に携わる者のために作成した『支援者のための災害後のここ

ろのケアハンドブック』では、災害で喪失を体験した子どもたちに表れたさまざまな反応をまとめている。これらを参考にまとめたのが表14-1である。

表14-1　子どもの悲嘆反応の分類

思　考	「ぼくのせいなの？」「ぼくが悪い子だったから？」「ぼくも死ぬの？」「死んだ人はいつ起きるの？」「どこへいくの？」「ぼくもがんになるの？」 「他の家族も死ぬの？」「ぼくが責任を負うべきかな？」 「『お母さん大好きだよ』って最後にいったのはいつだったろう？」 「これから誰が、ぼくの世話をしてくれるんだろう？」
	・物事への集中力が無くなる（ボーっとする）。・好奇心が強くなる。 ・優柔不断になる（心配で考えがまとまらない、自信が持てず決められない、悪い方に考える）。 ・思い出せない。　・忘れやすい。　・自分を責める
感　情	・泣きじゃくったり、逆にまったく泣かなかったりする。 ・怒りや悲しみ、恐れ、不安が強く表れたりする。 ・混乱したり、無気力になったり、罪責感や虚無感を表すこともある。
身　体	・腹痛や頭痛、吐き気を訴える。・体のだるさ（倦怠感）を訴える。 ・排泄習慣が変ることがある（何日もうんちが出なかったり、ゆるかったりする）。 ・睡眠パターンに変化が見られる（寝付けない、夜中に目が覚める、寝た気がしない、悪夢）。 ・食生活のパターンに変化が見られる（食欲がでない、食べ過ぎる、おいしいと感じない）。
行　動	・退行現象がみられる（おねしょ、赤ちゃん言葉の使用、親から離れない、指しゃぶり、トイレ・お風呂・着替えなど今までできていたことに手助けを求めるようになる）。 ・落ち着きがなくなる（興奮しやすくなる、はしゃぐ、悪ふざけをする、いたずらをする）。 ・怒りっぽくなる。　・乱暴になる（殴る、蹴る、物を壊す）。 ・ひきこもる（外出をいやがる、登校しない）。 ・何事もなかったように振る舞う。
スピリチュアル	・喪失体験に対していろいろ自問する。・安全や信頼を失ったように感じる。 ・生きている意味を見失い、とまどう（意味の混乱）。 ・信じていたものが信じられなくなる（信念の崩壊）。 ・罪責感を持ち、許しを必要とする。・神（または自分より大きな存在）に対して問いをもつ。

出典：リンダ・エスピー（2005）『私たちの先生は子どもたち！』青海社；小林朋子他（2010）『支援者のための災害後のこころのケアハンドブック』静岡大学防災統合センターより作成

ここに示された反応は、多くの子どもに見られる反応としてあげられたものであるが、子どもにも個人差があるため、すべてがあてはまるわけではない。また、同じ子どもであっても時間の経過によって異なる反応が見られるようになることもある。さらに、子どもに表れる反応は多岐にわたるため、ここに示した以外の反応を見せることも度々あることを念頭に置いて子どもの変化を観察する必要がある。

(3) 子どもに見られる悲嘆の特徴
　子どもの悲嘆の特徴は、子どもの発達段階によって異なる。6〜7歳ぐらいまでの子どもには、自己中心性という特徴があり、大切な人の死は、自分のせいで起きたと考える傾向がある。「ぼくが昨日いたずらをしたから、お母さんが交通事故にあったんだ。」などと考え罪悪感や自責感を抱いたりする。また、子どもは自分の中の感情を言葉にすることが難しいため、身体症状や問題行動として表現されやすい。ウォーデンは、1996年に発表した『Children and grief』の中で、身体症状は10歳未満の子どもに顕著であり、そして問題行動は思春期の子どもに多く見られ、特に非行は母親との死別と関連が高いことを示している。また、長年子どものグリーフサポートグループの活動を行っている石井千賀子らは、子どもの悼みの表現は、目に映る悼みだけではなく、隠された悼みをもつことがあると述べている。そして、死別体験後に「ものわかりが良い、手のかからないいい子（心配無用児タイプ）」と映る子どもの表現もあれば、「たびたび、身体の不調を訴える手のかかる子（不健康児タイプ）」、「周囲の大人に反抗的な子（問題児タイプ）」など、一見、喪失体験とは何の関係もないように見える姿もあり、子どもの日々の営みにおけるSOS反応が、周囲に伝わりにくいことがあると述べている。
　悲嘆反応の分類にも示したが、子どもは、はしゃいだり、悪ふざけをしたりすることを悲しみのサインとして表現することもある。こういった、大人の目からは悲しみの感情とは無関係に映る行動が子どもの場合にはたびたび現れることを知る必要がある。これらの行動が悲しみによってもたらされている可能

性があるという認識が周囲の大人にないと、みんなが悲しんでいるときに不謹慎な子だ、人の気持ちもわからないわがままな子だと評価され、叱られたり放っておかれたりすることにつながり、より深い悲しみを味わわせることになりかねない。

その他子どもの抱きやすい感情として、家族や友人など、今自分の周りにいる人までも失うかもしれないという不安、自分も死ぬかもしれないという恐怖がある。また、死別により自分が残されたことで見捨てられた感覚になったり死に対する無力感から来る怒りが生じたりすることもある。大人にとっては、合理的ではない考えとして容易に処理することのできるさまざまな思いであっても、子どもは自身の力では処理することができず、これらの感情を長い間抱え続けて苦しんでいることも決して少なくはない。

3. 死別を体験した子どもに学校でできる対応

学校は、子どもにとって一日の多くの時間を過ごす生活の場である。死別を体験した後、学校が安心安全の場として過ごせることは、悲嘆の中にいる子どもにとってとても重要である。その際、教師の理解と適切な対応が大きな支えとなる。小林朋子と茅野理恵(ちのりえ)は、危機場面での子どもの支援経験のある心理支援の専門家を対象にした調査を元に、『学校における大切な人を亡くした子どもへの対応ハンドブック』を作成している（表14－2）。

教師は、子どもにとってとても身近な大人である。そして、多くの教師が、教師人生の中のどこかで死別の体験をした子どもの支援に関わる経験をするであろう。しかし、多くの教師が経験するにもかかわらず、その対応について学ぶ機会は少なく、実際に支援を経験した教師は、不安やとまどい、困難感を抱えながら対応している実態が茅野理恵や小林朋子らの調査で明らかとなっている。災害支援なども含め、死別を体験した子どもへの支援というのは、多くの場合、突然その知識や技能が必要になる。そのときのために、日頃から知識を蓄えておくことで、たとえ危機場面に直面しても、子どもの前で落ち着いた対

第14講
死別体験

表14－2　学校における大切な人を亡くした子どもへの対応

本人への対応	**＜基本的な対応＞** ・それまでの学校生活に近い環境を整える。日常性を取り戻す環境を作る。 ・命日など節目の見守りは情報を共有し丁寧に。・一般論的なアドバイスを安易にしない。 ・自死、津波など死別理由に関連する言葉を安易に使用しない。 ・自分の死別経験を話すことは注意が必要。「乗り越えよう」など励ましの言葉を気軽に使わない。 ・自分の経験から子どものつらさ等を決めつけない。泣く、怒るなど素直な表現を受け止める。 ・安心できる人の前では、泣くのを我慢しなくてよい、普通にしなくても良いことを伝える。 **＜子どもが話をしていない時の対応＞** ・無理に聞き出さない。・いつでも話を聴くと声をかけておく。・子どもから話し易い状況を設定。 **＜子どもが話をしてきた時の対応＞** ・自分の興味による質問を子どもにしない。・アドバイスではなくまずしっかり聴く。 ・まとまりのない話でもそのまま聴く。・話を整理しながら聴く。・話を途中で遮らない。 ・混乱がある場合は深呼吸など落ち着く関わりを行う。・他の人の体験と比較した言葉をかけない。 ・元気になって欲しいなどの気持ちを全面に出して話をしない。 ・死別理由を自分が原因だと事実と異なる捉えをしている場合には、関係ないことを伝える。 **＜日常生活での対応＞** ・無理のない範囲で役割を与え、孤独感を感じさせない。・安心できる友人と過ごせる工夫をする。 ・体験を想起させる内容の授業については、事前に子どもや本人に伝え、無理させない状況を作る。 ・個別にゆっくり話せる場の設定。・日常の何気ない会話を大切に。生活リズムの大切さを伝える。 ・集中の困難などが見られた際には、個別の学習支援を行う。・遊べる時間を確保する。 ・不謹慎な発言やルールを守れない行動は冷静に止め、話を聴きながら背景の気持ちを考える。 **＜保護者との連携＞** ・保護者連携を密に。・必要に応じて経済的援助の情報などを提供。・相談機関の情報を提供。 ・学級に事実を伝える際子どもと保護者の意向を確認。・子どもの家庭での対応方法の情報を提供。 ・生活リズムを整えることの大切さを伝える。困りごとは遠慮なく相談して欲しいと伝える。 **＜死別体験による影響＞** ・さまざまな心理的反応や身体的反応、問題行動が起こりやすくなることを理解して支援する。 ・死別体験後に出るさまざまな反応は自然な反応であると捉えて支援をする。 ・さまざまな反応は数年後に出る場合もあり長い見守りが必要（引き継ぎが必要）。 ・自責感や無力感に応じた対応が必要。
学級での対応 （周囲への対応）	・憶測で話さない。・事実関係がはっきりしている事でも本人・保護者の意向を踏まえて話す。 ・落ち着いた態度で、ゆっくり話す。・子どもの表情を確認しながら話す。 ・「殺す」などのことばを使わないように話す。・不謹慎な発言や行動に対しては冷静に止める。 ・しんどさを抱えた子がほっとした気持ちで生活できる学級作。・無理に盛り上げない。 ・誰でもいつでも相談していいことを伝える。・節目の時は周囲の子どもの見守りも丁寧にする。 ・過去に死別体験をしている子どもを無理のない範囲で把握する。 ・学級での遊びや作業などを通して「ひとりじゃない」と感じられる関わりを大切にする。 ・自分が死別体験をしていなくても友人の話を聞いて不安定になることがあることを理解する。 ・学級全体が落ち着かない様子の時は、普段通りの生活をしてよいことを伝える。 ・死別体験をした子といつも通りに話したり接したりしてよいことを伝える。
教師自身	・一人で抱え込まない。・チームで支援。・自分のリラックスタイムを持つ。・お酒に頼らない。 ・落ち着いて話ができる状態か、自分の気持ちを理解する。・自分の中の感情に気づく。 ・自分が落ち着くために同僚など安心して話せる相手に迷いや戸惑いなど思っていることを話す。

出典：小林・茅野（2015）『学校における大切な人を亡くした子どもへの対応ハンドブック』静岡大学より作成

応をとることが可能になるのである。大人のゆとりある姿こそが子どもの心に安定を生み出すという基本を忘れずにいてほしい。

4. 日常のさまざまな喪失体験への理解

　大切な人との死別体験の他にも、子どもたちは日々の生活の中でさまざまな喪失を経験している。大人にとってはささいな出来事であっても子どもには大きな喪失体験になることは少なくない。つまり、子どもが悲嘆を感じている多くの場面で、大人はその悲嘆に気づくことができずに見過ごしているということをまず認識する必要がある。そのためここでは、死別以外の喪失についても触れておく。

　死別と同様に、大切な人との離別も大きな喪失である。子どもの離別体験の一つに、転校がある。転校は、転校した子と残された子の双方にも喪失が伴う。周囲からは、新しい友だちができたり、他にも共に過ごす友だちがいたりすれば問題にはならないと思われがちである。しかし、その子にとってどんな関係の友だちであったかによって、大きな喪失感と悲嘆を伴うこともある。どんなに多くの他の友だちがいたとしても、その子の代わりはいないということを大人は忘れてはいけない。

　リンダ・ゴールドマンは、2005年に著した『子どもの喪失と悲しみを癒すガイド－生きること・失うこと－』の中で、子ども時代に起こりうる喪失のカテゴリーとして、関係の喪失、物の喪失、環境の喪失、自己の喪失、スキルや能力の喪失、習慣の喪失、大人からの保護の喪失をあげている。子どもの生活を揺るがし、心身の健康にも影響を及ぼす喪失体験というのは、死別体験や人との離別などの体験だけではない。意識的であるか否かにかかわらず、自分の大切な物、自分の一部のように感じている物が奪われたりすることによっても起こりうるということを、周囲の大人がしっかりと認識しておくことが非常に重要である。

5. 子どもの悲しみをめぐる誤解

　大切な人との死別体験をした後でも、子どもは時として何事もなかったように振る舞ったり、とても元気そうな姿を見せたりする。そのような子どもの姿から、大人はまだ子どもだから死を理解できていないのだと考え、死別についてのことを子どもとは話さなくていいという判断をすることがある。しかし、小西聖子と白井明美は、著書『「悲しみ」の後遺症をケアする ― グリーフケア・トラウマケア入門』の中で、2～3歳の子どもはすでに**対象恒常性**（愛着を持つ対象が変わらずに自分の傍らにいることを信じられる感覚）が確立されているため、その対象が亡くなったときには大きなストレスを感じ、嘆き悲しむと述べている。また、大人は、子どもが思い出して悲しんだり傷ついたりしないためにという最もらしい理由をつけ、できるだけ死別の話題を避けようとしたりすることがある。しかし、子どもは大人と共に死別について向き合っていくことを望んでいることもある。大人は子どもたちの持つ力を信じながら関わることが必要である。

＜より深く学びたい人のための参考文献＞
E・キューブラー・ロス著 鈴木晶訳（2001）『死ぬ瞬間』中公文庫
坂口幸弘（2010）『悲嘆学入門　死別の悲しみを学ぶ』昭和堂
J・W・ウォーデン著 山本力監訳（2011）『悲嘆カウンセリング』誠信書房
山本力（2014）『喪失と悲嘆の心理臨床学』誠信書房

第15講　心理アセスメント

1. 心理アセスメント

(1) 心理アセスメントとは

　体調を崩して病院に行くと、医師によって問診や検査などを受け、病気の原因や病状が確かめられた後に、その結果に基づいて治療が進められる。医師が患者の話も聞かず、診察もせずに病気の状態を判断し、治療を行ったとしたら、病気が治らないだけでなく、さらに悪化してしまうことにもなりかねない。つまり、治療をする際には、患者の状態を適切に理解し、最も適した治療方法を選択することが必要である。

　このことは、心理臨床（心理的な治療）を行う際も同様である。クライエントが来談すると、援助者は面接や観察を行い、また心理検査をして、クライエントが抱えている問題や心理的な特性、育ってきた環境などについて調べ、その結果に基づいてどの技法や方法を用いて治療するかを決め、治療を開始する。また、治療途中あるいは治療終了時にもクライエントの状態がどのように変化したか、どの程度の治療の効果がみられたかを測るために、再度、面接や検査を行う。このようにクライエントの状態を測定し、その後の心理的治療の方針について診断、測定することを**心理アセスメント（心理査定）**と言う。なお、心理アセスメントのなかには、治療効果の確認のために治療途中や終了時に行う面接や検査も含まれる。

　クライエントに対して適切な治療を行うためには、心理アセスメントによる情報収集が不可欠である。ただし、心理アセスメントを実施するのは、クライエントの理解を深め、適切な援助をするためであり、「この子はLD（学習障害

である」などと診断名をつけるためではない。ましてや「障害がある」というレッテルを貼るためではないことを念頭に入れておかなくてはならない。

　また、心理アセスメントを行う際には、クライエントに心理的な治療を行うことが適切かどうか、どのような経過をたどって回復していくかなどについての全体的な見通しを持たなくてはならない。この見通しのことを**見立て**と言う。見立てをすることによって、今後の治療の方向性を検討していくことができる。クライエントに最初に会った時の印象とアセスメントを実施していくなかでのクライエントの印象は当然違ってくる。通常、アセスメントを進めていくなかで繰り返しクライエントの印象を修正していくことになる。見立てを行う際には、先入観のような固定的な考えにとらわれないように気をつけなくてはならない。さらに、見立ての際に「この子はAD/HD（注意欠如・多動性障害）だろう」などのようにクライエントの症状を決めつけてしまって、それにあてはまる行動には着目するが、それ以外の情報を見過ごしてしまうということのないようにしなくてはならない。

(2) 心理アセスメントによって何を理解するか

　心理アセスメントによって、クライエントに関する情報とクライエントを取り巻く環境に関する情報の両方を収集することになる。

①クライエントに関する情報

　クライエントをよりよく理解するために、クライエントの心理・社会面、学習面、運動面、進路面、健康面などについての情報を収集する。以下に、具体的にどのような情報を収集したらよいかについて示す。

　a．心理・社会面のアセスメント

　情緒がどの程度安定しているのか、行動面において特徴的な傾向や問題はないか、どのような考え方をしているのか、自尊感情のレベルはどうかといったクライエントの感情や認知、行動などの情報を収集する。このことは、その後の援助方針を検討する上で役立つ。

また、家族や友人、教師との関係や所属している集団（学級や部活動など）における行動の特徴や適応の状態などの社会面の情報を集めることも重要である。このなかでクライエントが対人関係を結ぶためのスキルをどの程度持ち合わせているのかを見極めることが必要である。

　b．学習面のアセスメント

　クライエントが学齢期の場合、学力面や知的な面における遅れはないか、学習意欲はどの程度あるのか、自己効力感（「やればできる」と思う感情）はあるか、といった学習に関連する情報を収集することが不可欠である。特に、知的な能力や特徴（鏡文字を書く、言葉だけを聞いて理解することがむずかしい、など）を知ることは、**LD（学習障害）** や **自閉症スペクトラム障害** などの学習面や行動面で問題のある子どもの発見に役立つ。

　c．運動面のアセスメント

　ボールを投げたり、飛んだり、走ったりする粗大運動および手や指などを使って細かな動きをする微細運動に問題がないかどうかの情報を収集することも大切である。運動面におけるアセスメントも、LD（学習障害）などの子どもの発見に役立つ。

　d．進路面のアセスメント

　クライエントが何に興味や関心を持ち、また何にあこがれているのかなどについての情報を集めることは大切である。特に、思春期のクライエントにとっては、将来の希望を持ったり、「こうありたい」という自分自身の夢を考えたりするきっかけともなる。

　e．健康面のアセスメント

　クライエントが何らかの心理的な問題を抱えている場合に、身体に異常を訴えることが少なくない。不登校の子どもが学校に行く時間になるとお腹が痛くなったり、頭が痛くなったりするのがその例である。クライエントの身体的な健康状態は良好か、健康面での問題はないかについての情報を集めることも必要である。また、クライエントの年齢が低い場合で、発達面などに何らかの問題がみられた時には、視覚や聴覚に障害がないかどうかをチェックしておかな

くてはならない。

②クライエントを取り巻く環境に関する情報
　クライエントが抱える問題を理解する上で、クライエントが生活している家庭、学校、地域などの環境に注意を向けることが重要である。これらの環境はクライエントの抱える問題に大きな影響力を持っている。
　a．学校のアセスメント
　学校心理学の研究者である石隈利紀は、学校のアセスメントをする際に収集するべき事項として①学校の特性、②教師の特性、③物的環境を挙げている。学校の特性とは、学校の雰囲気や教師集団の雰囲気、子ども集団の雰囲気などである。クライエントがいかに学校の特性に適応するかが援助課題の一つにもなる。教師の特性とは、教師が子どもに持つ価値観や態度、子どもに求める行動様式、授業の進め方などである。物的環境とは、クライエントの座席の位置、教室内の備品の置かれている位置、騒音、照明などである。落ち着きのない子どもが運動場などの人の動きがよく見える位置に座ることによってさらに落ち着かなくなることがある。クライエントにとって学校の環境がどのように機能しているかについて着目するのである。
　b．家庭のアセスメント
　クライエントにとって家庭はどのような場所であるか、家族編成や家族間の人間関係は良好か、などの家庭に関する情報を収集する。
　c．地域のアセスメント
　隣人やクライエントが利用するお店の店員などの人的な環境や地域の人との人間関係についての情報を収集する。またクライエントが生活する空間にどのような遊び場があるか、治安はどうか、などの物的な環境についての情報を把握することが大切である。さらに、医療機関や児童館、子育て支援センターなどの地域で活用できる援助サービスにどのようなものがあるかを把握しておくことによって、その後それらの機関と連携をとって援助することが可能になる。

2. 心理アセスメントの方法

(1) 面接によるアセスメント

　面接には、クライエントの治療や指導を目的とした面接とアセスメントを目的とした面接がある（第17講参照）。アセスメントを目的とした面接は、クライエントやその家族と話をして、クライエントが抱えている問題（主訴）、家族や友人との関係、生活歴、病歴などのクライエントを理解するための情報を得るために行われる。同時に、クライエントやその家族の表情や話し方、態度、服装などを観察し、クライエントやその家族の心理的特徴などについての情報を得る。

　アセスメントを目的とした面接では、治療のための面接も同様であるが、援助者がクライエントやその家族と**ラポール（信頼関係）**を形成することが重要である。また、面接の目的および面接で得た情報をどのように使用するかについてクライエントまたはその家族に明らかにしておく必要がある。

(2) 観察による心理アセスメント

　クライエントのありのままの姿を注意して見ていくことによって、クライエントを取り巻く環境や特徴的な行動を把握することができる（第16講参照）。

　特に、家庭や学校のなかで家族や友人とどのようにコミュニケーションを図っているか、どんな環境で生活しているか、などはクライエントを理解する上で重要な情報となる。

　観察によるアセスメントは、クライエントの行動を直接見て情報を得るために、自分の考えや感情をうまく表現することができない幼児や発達障害あるいは言語障害のある人にも適用することができる。

(3) 心理検査による心理アセスメント
①心理検査の目的

心理検査（心理テスト）とは、知能や発達、性格、社会性、創造性、親子関係などの人間の複雑な精神現象のさまざまな側面を数量的に、客観的に、科学的に診断する方法である。これまでに多くの心理検査が作成され、心理アセスメントの際に利用されている。表15−1に主な心理検査の一覧を示したので参照してほしい。

心理検査を使用することによって、クライエントの特性を理解でき、心理療法の導入に役立てることができる。また、治療途中や治療の終盤期に心理検査

表15−1　主な心理検査一覧

乳幼児の発達に関するテスト	遠城寺式乳幼児分析的発達検査法 津守式乳幼児精神発達診断法 日本版デンバー式発達スクリーニング検査 新版K式発達検査　　　　　　　　　　　　　など
知能テスト	田中ビネー知能検査Ⅴ 鈴木ビネー知能検査 K-ABC心理・教育アセスメントバッテリー WPPSI知能診断検査 WPPSI-Ⅲ知能検査 WISC-Ⅳ知能検査　　　　　　　　　　　　　など
性格・人格に関するテスト	MMPI新日本版 Y-G（矢田部−ギルフォード）性格検査 ロールシャッハテスト 絵画統覚検査（TAT、CAT、SAT） 文章完成法テスト P-Fスタディ 内田クレペリン精神検査　　　　　　　　　　など
行動・社会性に関するテスト	新版S-M社会生活能力検査 東大式エゴグラム ソシオメトリック・テスト ゲス・フー・テスト　　　　　　　　　　　　　など
職業適性・興味に関するテスト	一般職業適性検査 VPI職業興味検査 新版　職業レディネス・テスト　　　　　　　　など
親子に関するテスト	親子関係診断テスト　　　　　　　　　　　　　など

を用いることによって、治療の効果を測定することができる。しかし、クライエントのその日の気分や状態、検査者の技術などによってテストの結果が大きく影響を受けることがあるという問題がある。

②信頼できる心理検査の条件

世間には心理検査と称したものが非常に多く出回っている。そのうちの大半が測定したいものが適正に測定されていない、適切な基準が作られていないなどの問題があり、検査の結果を信頼することができないものである。信頼できる心理検査にはどのような条件が必要なのであろうか。ここでは、妥当性、信頼性、実用性の面から説明する。

　a．妥当性

テストで測定しようとしているもの（性格、知能など）をどの程度、確実に測定しているかの度合いを**妥当性**と言う。妥当性には、内容的妥当性、基準関連妥当性、構成概念妥当性などがある。内容的妥当性とは、心理検査を構成している質問項目が測定したいと考えている内容をどの程度カバーしているか、検査目的にふさわしい内容であるかどうかをみるものである。基準関連妥当性とは、心理検査の得点がこれまでに作られている検査の基準と照らし合わせた時に、どの程度一致しているかをみるものである。構成概念妥当性とは、測りたいと思っている概念（性格や知能など）を構成している因子が適切なものであるかどうかをみるものである。

　b．信頼性

信頼性とは、測定結果が測定するたびに変わることなく、また誰が採点しても同じ結果になるという一致性、安定性のことである。信頼性を推定する方法には、再検査法、平行検査法などがある。再検査法とは同一のテストを同じ被験者に対して一定期間をおいて再度実施し、得点に差がないかどうかを確かめる方法である。平行検査法とは、質問の構成の仕方や難易度などが等しい二つのテストを実施して、両テスト間に強い関係があるかどうかを調べる方法である。

c．実用性
　先に説明したような妥当性、信頼性のある心理検査でも、実施するのが非常に面倒であったり、高価な検査道具が必要であったり、採点がむずかしかったりすると、実用性に乏しい。実施や採点がしやすく、実施時間も適度であり、安価でその後の心理臨床に役立つものでなくてはならない。

　③心理検査を使用する際の注意
　心理検査を行う際には、どのような目的で何を測り、それをいかに活用するかを考え、クライエントの援助につながるようにしなくてはならない。興味本位で心理検査を用いることは、クライエントに害を及ぼすことになりかねない。心理検査で測ることができる内容、限界などについてよく理解しておくと同時に、心理検査を行うための検査技術を磨いておくことが大切である。また、心理検査は個人の特性を客観的に診断するとは言うものの、テスト結果のみを重視することがないようにしなくてはならない。

3．心理アセスメントをする際の留意点

(1) 総合的、客観的な視点
　これまでに説明したとおり、心理アセスメントはクライエントの状態を理解し、より適した心理臨床を実施する資料を得るために行われるものである。そのためには、クライエントに関する情報をばらばらに把握するのではなく、意味ある組み合わせとして解釈しなくてはならない。面接、観察、心理検査のすべての結果を総合して、状況を正しく判断できるようにする必要がある。
　また、一つの心理検査ですべての特性を理解することは不可能である。そこで、いくつかの心理検査を組み合わせて診断することになる。このように複数の心理検査を組み合わせたものをテストバッテリーと言う。たとえば不登校の子どもについてアセスメントする場合には、子どもの性格特性を理解するための性格検査、知的発達の程度を知るための知能検査、親子関係の性質を調べる

ための親子関係診断テストなどのテストバッテリーが組まれることがある。テストバッテリーによってクライエントを多面的に理解すると同時に、それぞれの心理検査の結果を総合的にとらえることが大切である。ただし、複数のテストから総合的に理解した方がいいからと言って、むやみに多くの心理検査を行ってはいけない。クライエントの心理的負担が重くなり、疲れから集中力が欠如してしまうことから、得られる情報が不正確になる可能性が生じる。

(2) 倫理的視点

　心理アセスメントに限らず、心理臨床活動すべてにあてはまることであるが、クライエントの基本的人権を尊重しなくてはならない。医療の分野では当たり前のこととなっている**インフォームド・コンセント**（説明と同意）は、心理臨床でも必要である。援助者がクライエントまたはその家族に対して心理アセスメントの目的や使用方法について説明し、本人またはその家族から同意を得ることができない場合には、アセスメントの実施を中止しなくてはならない。

　また、心理アセスメントを実施する者は、クライエントやその家族のプライバシーに関わる情報を知ることになる。業務上、知り得たこれらの情報を他言しないという守秘義務を念頭に入れておかなくてはならない。また、心理アセスメントによって得た情報が他者の目にふれないように保管にも十分に気をつけなくてはならない。

＜より深く学びたい人のための参考図書＞
松原達哉・楡木満生（2003）『臨床心理アセスメント演習』培風館
本郷一夫編著（2008）『子どもの理解と支援のための発達アセスメント』有斐閣選書
松本真理子・金子一史編著（2010）『子どもの臨床心理アセスメント－子ども・家庭・学校支援のために－』金剛出版

第16講　観察法

1. 観察とはなにか

　学校の中に足を踏み入れてみよう。何が見えるだろうか。生徒、生徒間で起こるさまざまな出来事、そして教室の机やロッカー、壁に貼られた教材など、実にさまざまなものが目に入るだろう。このとき、私たちはさまざまな対象をただ見ているのである。もちろん、ある対象を「見る」だけであっても私たちはいろいろな印象や感想を持つ。しかし、その印象や感想は主観的なものであり、その時の気分や、特に関心を引かれたものに注目した結果に過ぎない。

　たとえば、あるクラスの様子を「見ること」にしよう。授業が始まってすぐ、A君が突然、席を立ってロッカーに駆け寄った。このとき、単に「見ている」だけでは、「席を離れた」「ロッカーに向かった」という出来事は見えても、なぜ、その出来事が起こったのかという理由について正確に知ることはできない。また、B君が発言を始めたので、そちらに関心を移してしまえば、その後のA君の行動については「見ない」ことになる。したがって、A君の行動がその後にクラスの他の子どもにもたらすであろう影響を把握することもできない。しかし、一方でこのときに見た行動が印象に残ったために、A君は落ち着きがない生徒だと他の人に伝えるとしたら、それは適切な評価とは言えない（A君は授業に使う定規を忘れ、ロッカーに取りに行っただけかもしれない）。

　それでは、見るのではなく観察する場合はどうだろうか。観察とは、一定の目的のもとにいろいろな出来事や環境を組織的に把握することをいう。したがって、観察を始める前に、まず、①どんな目的で、②どのような行動（あるいは環境）を、③どのような方法で見るのかを決めておかなくてはならない。

たとえば、観察の目的を「授業に集中できず、今後の指導に工夫が必要な生徒を把握すること」とした時に、生徒のどんな行動を観察すればよいのだろうか。クラス全体の様子を正確に記録するためには一人の観察者がその場にいるだけで十分であろうか。また、何回くらい、どの授業を対象に行うのがいいのだろうか。このように観察では事前に多くの事柄について考え、準備することが必要になるが、これらはすべて、観察の結果が客観的で信頼のおけるものとなるために必要な手続きである。重要なのは、偶然の行為の理由を相手の性格に求めたり、先入観や偏見によって判断することがないようにしなくてはならない。

こうして観察された結果からは、ただ「見ていた」ときとは異なる子どもたちの様子が見えてくる。そして、そこには新しい指導へのヒントがある。

2. 観察法の種類

観察にはさまざまな方法があるが、どのような状況で観察を行うかに注目すると日常生活の自然な流れの中で展開される行動を観察する**自然観察法**、目的に最適な場面や課題を設定し、そこでの対象者の行動を観察する**実験的観察法**の二つに分類できる。自然観察法では、自然な行動をとらえることができるという長所がある一方で、観察事態を統制できないためデータに歪みが生じやすい（観察された行動が何に影響されたのかを特定できない場合がある）、あるいはデータに偏りや欠落を生じやすいなどの短所がある。これに対して、実験的観察法では、環境的な要因を統制できる、また同一の実験場面について多数のデータを効率よく集めることができるという長所がある。しかし、実験的な場面という非日常的な環境が行動にもたらす影響を排除できないなどの短所がある。

また、観察者と被観察者の距離に注目してみると、面接室や授業などに一緒に参加しながら行う**参加観察法**、マジックミラーなどを使って観察者の存在を感じさせずに行う**非参加観察法**の二つに分類できる。参加観察法は被観察者に

受け入れられれば、近くで詳細な観察ができるという長所を持つ一方で、観察者としての客観性を保つことがむずかしく、観察者の存在そのものが行動にもたらす影響を完全には排除できないなどの短所がある。これに対して、非参加観察法では、被観察者が観察されていること（データとして行動が記録されていること）を意識しない状態で行われることから自然な行動が観察できるなどの長所がある一方で、被観察者のプライバシーを侵す危険性を常に有している。特に、被観察者が事前に観察されていることを知らされていない場合には、事後に必ず目的を伝え、データとして使用することの了解を得る必要がある。

　いずれにせよ、それぞれの観察法には長所と短所があり、どの方法を選択するかは目的や観察したい対象の特性などをよく考慮した上で決定する必要がある。なお、上記の分類を組み合わせると表16－1のような分類になる。

表16－1　観察法の分類

観察法	参加観察法	非参加観察法
自然観察法	【例】授業に参加しながら観察する	【例】授業の様子を教室の隅に設置したビデオカメラを通して観察する
実験的観察法	【例】特定の課題に取り組むように指示し、生徒がどのように課題を解決するのかを観察する	【例】特定の遊び道具のみを用意した部屋で子どもがどのように遊ぶかをマジックミラーを通して観察する

3．観察方法

(1) 時間見本法

　時間見本法とは、一定の時間を区切ってその時間に対象となる行動が生起するかどうかを記録する観察法の一つである。また、記録の取り方によって時間見本法はさらに自由記述法、1／0サンプリング法、ポイントサンプリング法に分けられる（表16－2）。このうち、1／0サンプリング法とポイントサンプ

リング法では、それぞれの時間内に起こる行動の頻度を記号などを使用して数え、それらを合計して数量化するなどの方法がとられる。しかし、同じ行動を記録していても異なった頻度として記録される場合があり、注意が必要である。たとえば、表16-2では1／0サンプリング法では、2、3回目の観察単位で行動が生じている。しかし、ポイントサンプリング法ではチェックポイントの時点でのみ行動が生じているかをみるため、2、3回目の観察単位では行動

表16-2　時間見本法におけるデータの記録方法

自由記述	一定の観察単位（例えば20秒間）に観察したさまざまな行動を、続く一定時間内に自由に記述し（例えば40秒間）、これを反復していくものである。
1／0サンプリング法	各観察単位の切れ目において、その直前の観察単位の間に、特定の行動が生じたか否かを記録する方法である。
ポイントサンプリング法	各時間単位のあるポイントでのみ観察し、その瞬間に生じている行動を同時に記録する方法である。

出典：中沢潤・大野木裕明・南博文編（1997）『心理学マニュアル観察法』北大路書房を一部改変

が生じていないということになる。

　いずれの場合でも、生起頻度が高ければ観察の単位時間は短くて良いが、あまり生起しない行動の場合には単位時間を長くする必要がある。このように1回の観察時間をどのくらいの長さとするのかについては事前に検討しておかなくてはならない。

　しかし、なによりもまず、どの行動の頻度を数えることが目的に最も適切かを考えることが必要である。たとえば、「授業への集中」について知りたいと考えているのであれば、どのような行動を観察の対象とすればいいのだろうか？「あくび」「私語」「よそ見」「発言の回数」..........他にはどのような行動が関連しているだろうか。自由記述法では、さまざまな活動に目を向けることから、観察する行動を選択する際には有効な手段である。一方、短期間に量的分析が可能なデータを大量に収集できるという点では、1／0サンプリング法やポイントサンプリング法が有効である。しかし、これらの方法では、観察の対象としなかった行動については記録されないという点に注意が必要である。

(2) 事象見本法

　事象見本法では、対象とする行動がいつ始まり、いつ終わったのか、どのくらい持続したのか、そして何回生起したのかなどを記録する。したがって、観察を始める前に、どのような行動を対象とするかだけでなく、行動の始まりと終わりについても明確にしておく必要がある。また、特定の時間の中で行動が生起したかどうかを記録する時間見本法とは異なり、対象とする行動の正確な持続時間や生起頻度を測定することができる。しかし、行動の始まりや終わりを正確に把握するためには、あらかじめチェックシートなどを工夫していたとしても、複数の対象者について同時に見落としなく記録することはむずかしい。したがって、このような場合にはビデオなどの記録機器を利用する必要がある。また、観察の対象として選択した行動が生起しやすい時間や場面について、あらかじめ予備的な調査を行っておくことが必要である。たとえば、子ども同士のけんかについて観察したいのであれば、授業中よりは放課後の校庭を

観察した方がより多くのデータを収集できる。

4. 記録の際の留意点

　観察法は、観察対象である本人が自らの行動を評価する質問紙法などに比べて客観的な評価が可能である。また、言語理解が十分ではない幼児や知的発達に障害があり、自らの行動に関する評価を適正に行うことに困難がある対象者についても評価が可能である。しかし、観察によって得られたデータが客観性を有し、信頼のおけるものであるためには、いくつの点に留意する必要がある。

　そこで観察する前に押さえておきたいポイントを整理しておく。

　まず、同じ場面の同じ行動を評価したとき、何回でも同じように評価できるか、観察者のそのときの気分によって、あるいは観察者の被観察者に対する無意識の好意・非好意によって評価が変わっていないかなどについて検討しておく必要がある。中沢潤は「観察法」についての著書で、観察に歪みをもたらす一般的な心理傾向として以下の4つを指摘している。すなわち、①ハロー効果（見かけの事前の情報により作られた主観的印象に合うように行動をとらえる傾向）、②寛大化エラー（より肯定的に行動をとらえる傾向）、③中心化エラー（極端を避け、行動を中庸に評価しようとする傾向）、④対比的エラー（被観察者を自分とは違う特性をもつ者とみなす傾向）である。しかしながら、こうした心理傾向については自分では気づいていないことも多いため注意が必要である。

　また、複数で観察をするのであれば、観察者同士で同じ行動に関する評価に差がないことをあらかじめ確認しておかなければならない。たとえば、観察したい対象の行動を予備的にビデオなどに録画し、同じ場面を複数の観察者が評価して互いの評価にズレがないことを確認するなどの工夫が必要である。もちろん、観察する行動については事前に明確に言語化して共通理解を図っておくことは言うまでもない。

観察に用いるチェックリストの項目がどれほどよくできていても、観察者側の基準が揺らいでいては客観的で信頼のおけるデータは得られない。

＜より深く学びたい人のための参考図書＞
中沢潤・大野木裕明・南博文編著（1997）『心理学マニュアル観察法』北大路書房
松浦均・西口利文編著（2008）『観察法・調査的面接法の進め方』ナカニシヤ出版

第17講　面接法

1. 心理アセスメントとしての面接法

(1) 面接の目的

　心理学の技法としての面接は、①臨床的面接法と②調査的面接法の二つに分けることができる。①は心理療法のための面接であり、クライエントの治療や指導を目的としている。一方、②は心理アセスメントとしての面接であり、クライエントを理解するための情報を得ることを目的としている。クライエントが子どもや知的障害のある人の場合は、保護者から話を聴くことがある。

　特に、初めて相談に来た人の援助を行うかどうかを決める面接のことを**インテーク面接（受理面接）**と言う。この面接は援助の方針を検討する第一段階となるため、何が問題とされており、その問題の背景にはどのようなことがあるのかについて、面接者は的確に把握する必要がある。

(2) 面接によって得られる情報

　面接によって得られる情報には、言語情報と非言語情報がある。**言語情報**の具体的な内容を表17-1に示した。一般的に、子どもが抱える問題は、家庭や

表17-1　面接によって得られる言語情報

主訴と問題の経過	クライエントがどのような問題を抱えているか（主訴）、その問題がいつ頃から発生し、どのような経過をたどり、これまでどのように対処してきたか。
生育歴	出生前後の状況、乳幼児期の発達状況、幼稚園・学校・家庭での様子、学業成績、進学状況、就職後の様子、家族・友人や教師・職場の上司や同僚との関係など、クライエントのこれまでの歩み。
生活環境	住宅環境、生活習慣、食生活、生活のリズムなど、生活の具体的な状況。

その他の環境によって大きく左右される。そのため子どもを対象とする面接の場合は、子ども自身に関する情報はもちろんのこと、その子どもに関わる多くの情報を収集することが重要である。

一方、**非言語情報**とは、クライエントの表情、態度、話し方、服装などを指す。面接者は、これらの情報を観察によって得る（第16講の観察法を参照）。このような非言語情報から、クライエントの心理的な特徴や面接者に対する感情をある程度知ることができる。クライエントを理解するためには、言語情報と非言語情報のどちらも不可欠となる。

(3) 面接の進め方

面接は、表17-2に示す①〜⑤の段階にそって進められる。直接的な面接の段階は②、③、④であるが、①は面接をスムーズに進めるために、また⑤は次

表17-2　面接の進め方

①事前準備の段階	面接が始まる前の段階。面接者は、クライエントとすでに向きあっているという意識が必要である。部屋を暖かく落ち着いた雰囲気にする、自分の身だしなみを整えるなどの配慮をする。
②導入の段階	面接を開始する段階。面接者は、「お待ちしていました」、「よく来てくれましたね」などクライエントの来室を歓迎することばをかけ、また「昨日はよく眠れましたか」などの日常会話から始め、相手の緊張をほぐしていく。つまり、クライエントとラポール（信頼関係）を築くことに集中する。さらに、ここでは何を話してもよいこと、その秘密は必ず守られること、主役はクライエント自身であることを伝える。
③情報収集の段階	表17-1に示した情報を収集する段階。ただし、面接者の方から一方的に質問攻めにするのではなく、クライエントが問題と感じていることにそって、事実を話せるように進めていく。ここで、面接者の態度や話し方、話の聴き方にさまざまな配慮が必要となる（「2. 面接を行う際のポイント」を参照）。
④終結の段階	面接を終結する方向へ導く段階。面接が終わりに近づいていることを伝え、他に話しておきたいことがないかを確認する。残されている問題や今後どのように取り組んでいくかについても確認し、必要に応じて面接できることを伝える。面接者は、クライエントが部屋を出て行くまで態度や話し方に注意を払い、相手を気持ちよく送り出す。
⑤事後処理の段階	面接の成果をまとめる段階。面接の経過と内容を記録用紙に記入する。継続して面接が必要な場合は、今後のスケジュールを立てる。

の援助につなげるために必要な段階である。

2. 面接を行う際のポイント

(1) 面接中に留意すべき点

　クライエントとラポールを築けるかどうか、またクライエントからどれほどの情報を引き出せるかは、面接者の態度や言動に左右される。面接の技術を向上させるために、ビデオで自分が面接している様子を撮り、以下にあげる態度や言動をとっていないかをチェックしてもらいたい。

①クライエントが話したことについて、すぐに判断し、評価する
　人が抱える問題をはやく解決してあげたいという気持ちが強いと、相手の話を十分に聴く前に自分の意見を言いたくなる。面接中にこのような対応をすると、クライエントの話したいという気持ちを妨げるだけではなく、クライエントが抱える問題の本質をとらえることができなくなってしまう。

②面接者が話しすぎる
　日頃から、周囲の人とコミュニケーションをとる際に、人より多く話す傾向があるとすれば注意が必要である。これはクライエントに対して、自分が優位に立っていることを伝えていることになる。また、クライエントが事実を十分に説明せず、面接者に対して問題解決の答えのみを求めてきた場合には、即答してはならない。あくまでも主役はクライエントであり、面接者は一緒に問題点を確認して解決策を考えていこうという姿勢を示す必要がある。

③面接者の関心や思い込みによって、誘導的な質問や的外れな質問をする
　いたずらをしたと思われる子どもに対して、「いたずらをしたんでしょう？」という誘導的な質問や「他に何かしたことはあるの？」という的外れな質問をしたとする。しかし、いたずらをしたのは別の子どもだったとしたら、この子

どもは、このような質問をされたことで、「何もしていないのに疑われた」とショックを受けるだろう。面接者からこのような質問をされると、クライエントは自分の言いたいことを話せずストレスがたまったり、面接者に対する信頼を失ったりする可能性がある。

　④面接者が無意識のうちに、クライエントの話したいという気持ちを失わせる動作をする
　自分は何気なくやっている動作でも、相手を不快にさせていることがある。たとえば、面接中に足や腕を組む動作は、クライエントに威圧感を与えるため避けなければならない。また、ペンまわしをする、身体を頻繁に動かす、時間を気にして時計に目を向けるなどの動作は、クライエントから注意がそれていることを示す。そのためクライエントは、「面接者は自分の話を聴いていない」と思い、話したいという気持ちを失う場合がある。

　⑤面接者が自分の感情にとらわれすぎる
　面接中、面接者はクライエントに対してさまざまな感情を抱くだろう。たとえば、クライエントが「つらくて苦しい」と言っていることに対して、それほど悩んでいるようには見えないと感じたり、面接者自身がクライエント以上につらさや苦しさを感じたりすることがある。また、もう一方で「このくらいならだれでもガマンしてるんだ」と思い、イライラすることもあるだろう。このように、面接者が自分の感情にとらわれすぎると、クライエントの話をありのままに聴くことができなくなる。

　(2) 話を聴くためのテクニック
　面接者の重要な役割は、クライエントにとってよい聴き手になることである。よい聴き手とは、クライエントが「自分は面接者に受け入れられている」という実感を持って安心して話すことができる人であり、面接後、「話してよかった！」という満足感や充実感をクライエントに感じさせることができる人であ

る。そのため面接者には、クライエントを共感的に理解するために、またクライエントが抱える問題の解決につなげるために、話を聴くという姿勢（傾聴）が求められる。以下に、話を聴くための基本的なテクニックを示す。

①受容的な応答や動作
　クライエントの気持ちや考え方、話すリズムやトーンに合わせた応答をすること、また相手をそのまま受け入れることを示す動作をとることである。
　たとえば「気分転換にキャッチボールを始めようと思うんです」と話したときに、「そんなことじゃ気分転換にならないよ」と言う人よりも、「それはおもしろそうだね」と言ってくれる人の方に親しみがわく。また、「風邪をひいて熱を出してしまいました」と話したときに、「風邪なんてたいした病気じゃない」と言われるよりも、「それはつらいでしょうね」と言われた方が気持ちが楽になる。
　何ごとに対しても自信を失っているクライエントを面接する場合、面接者は話すタイミングと話す量を考えて自分の失敗談などを適度に話し、クライエントの不安な心をほぐしてあげるとよい。さらに、クライエントが暗い声や小さな声で話す場合、面接者は自分の声のトーンを少しおさえて、ゆっくりと話すようにしたい。
　このような受容的な応答と同じ効果がある動作として、うなずく、クライエントの方に身体を向ける、アイコンタクトをとるなどがあげられる。ただし、うなずくことが多すぎると、「本当に話を聴いているのだろうか」という疑いをクライエントに抱かせてしまう。また、不安や緊張が高いクライエントに対してアイコンタクトをとりすぎると、不安や緊張をますます高めてしまう。面接者はこれらの点に注意しなければならない。

②内容の繰り返し
　クライエントの発言に対して、同じ表現を使ってくり返すことである。たとえば「もともと寝つきはよかったんですが、ここ1ヶ月はなかなか眠れなくて

……」という発言に対して、「もともと寝つきはよかったんですね。でもここ1ヶ月はなかなか眠れないんですね」と応答すると、相手は「そうなんですよ」と言って会話が続く。つまり、このような対応は、話をきちんと聴いているというメッセージであり、話の流れをスムーズにすることができる。

③感情の反射

クライエントの発言のうち、感情に焦点をあてて、そのままくり返すことである。クライエントが面接者に理解してもらいたいことは、事実よりも感情である場合が多い。たとえば「私は何をやっても失敗するんです。だから、何か新しいことをするとき、また失敗するんじゃないかと思って不安で不安で……」という発言の場合、これをすべてくり返すのではなく、「また失敗するんじゃないかと思って、不安で不安で仕方がないんですね」と応答する。クライエントが感情的になっていると、問題の本質が見えない場合がある。そこで面接者の方は、クライエントが感情を整理し、コントロールできるように方向づけていく。

④明確化

a．クライエントが述べた内容を、面接者自身が適切に把握しているかどうかを確認すること、あるいはb．事実の中に隠れているクライエントの感情をくみとり、それをことばにして返すことである。

aの例として、クライエントが「最近、受験勉強に集中できなくてイライラするんです。家の前で工事をしている音がすごく気になるし、親はもっと勉強しろってうるさいし……」と述べたとする。これに対して面接者は「つまり、周りの環境のせいで受験勉強に集中できないということかな？」と確認し、「他に原因はあると思う？」とつけ加える。このように応答すると、クライエントの話を適切に理解しているかどうかを確認できるだけではなく、話を掘り下げていくことにもつながる。

bの場合、クライエントが「親と進路のことで意見が合わなくて、大げんか

してしまったんです。いつも私の話を聴いてくれないんです。もう口もききたくないと思ってます」と述べたとする。面接者は、クライエントの隠れた感情を確認するために「本当は、親に自分の話を聴いてもらいたい、賛成してもらいたいと思っているんじゃないかな？」と尋ねる。このような応答によって、クライエントは目をそむけていた、あるいは自分では気づかなかった感情に気づき、問題解決に向けて一歩前進することができる。

＜より深く学びたい人のための参考図書＞
中村有（2010）『イラストとケースでわかるやさしくできる傾聴』秀和システム
諸富祥彦（2014）『新しいカウンセリングの技法－カウンセリングのプロセスと具体的な進め方』誠信書房
山口祐二（2014）『チャイルドラインで学んだ子どもの気持ちを聴くスキル』ミネルヴァ書房

第18講　性格に関するテスト

1. 性格とは

　十人十色と言われるように、ひとによってものの見方、考え方、感じ方が異なる。個人に特有な考え方や行動の仕方を**性格**と言う。また、性格と似たことばとして**人格**（パーソナリティ）がある。人格は、個人の一貫した認知、感情、行動の仕方を示しており、性格だけでなく知能や技能などの能力が含まれている。

　ひとの複雑な性格を理解する理論として、類型論、特性論がある。**類型論**とは、性格をいくつかのタイプや型に分けて理解しようとする方法である。類型論の代表的なものに、クレッチマーの体型説がある。クレッチマーは、細身の人は非社交的、きまじめ、神経質などの特徴があるとし、肥満の人は社交的、善良、陽気などの特徴があるとした。**特性論**とは、社交性や活動性、神経質、明朗さなどの特性をどの程度持っているかでその人の性格を測ろうとする方法である。特性論の代表的なものに、ギルフォードの唱えた説がある。ギルフォードは、抑うつ性、神経質、客観性、協調性、支配性などの特性を取りあげ、各特性がどの程度あるかによって個人の性格を特徴づけた。現在、性格を測定するために使用されているテストは、これらの類型論、特性論をもとに作成されている。

2. 性格を測定するためのテスト

　性格テストには、情緒や適応などに関する個人の心理的な側面を測るものや不安の高さなどの病理的な側面を測るものがある。一つのテストで性格のすべ

てを測定することは不可能であり、いくつかのテストを組み合わせて測定することになる。

性格テストは、大きく①質問紙法、②投影法、③作業（検査）法の三つに分けられる。表18-1に質問紙法、投影法、作業（検査）法の長所、短所を示した。

表18-1　質問紙法、投影法、作業（検査）法の長所と短所

	質問紙法	投影法	作業（検査）法
所要時間の手軽さ	◎	△	◎
集団実施の可・不可	◎	△（個別実施が多い）	◎
歪曲の有無、結果の信頼性	△	◎	◎
検査者の熟練の必要	◎（必要ない）	△（必要）	△（必要）
代表的技法	Y-G（矢田部-ギルフォード）性格検査、MMPI、MPIなど	ロールシャッハテスト、TAT、文章完成法テスト（SCT）、P-Fスタディなど	内田クレペリン精神検査、ベンダー・ゲシュタルトテストなど

注）◎は長所、△は短所を示す。
出典：松原達哉編著（2002）『臨床心理学』ナツメ社に掲載の表を一部修正

（1）質問紙法

質問紙法とは、性格の特性に関する質問項目があらかじめ定められており、被験者がその質問項目に対して「はい」「いいえ」あるいは「非常にあてはまる」「ややあてはまる」「あまりあてはまらない」「まったくあてはまらない」などのようにあてはまる程度で回答する方法のことである。

質問紙法は、施行方法や採点方法がマニュアル化されており、検査者の熟練を必要としないため、容易に実施することができる。また、複雑な性格を簡単

に多次元的に診断できる、短時間で実施できる、費用があまりかからない、集団で実施できる、評価に検査者の主観が入らないなどの長所がある。その一方で、被験者の文章理解力が必要であるため、乳幼児や知的な遅れのある人に対してそのまま実施することはむずかしいという問題がある。

また、被験者の主観的な基準によって回答してもらわなくてはならなかったり、回答者が虚偽の回答をしていたとしてもそれをチェックするのが困難であったりするなど、回答の信頼性に問題が残るという短所がある。さらに、質問項目以外については知ることができない、被験者が意識しているレベルのことしか知ることができないなどの短所がある。被験者が正直に答えているか、まじめに答えているかを調べるための虚偽尺度を取り入れている質問紙もある。

質問紙法の代表的なものとして、Y-G（矢田部-ギルフォード）性格検査、MMPI（ミネソタ多面人格目録）、MPI（モーズレイ性格検査）などがある。ここでは、Y-G（矢田部-ギルフォード）性格検査とMMPI（ミネソタ多面人格目録）の2つについて説明する。

① Y-G（矢田部-ギルフォード）性格検査

Y-G（矢田部-ギルフォード）性格検査は、12個の性格特性の因子（抑うつ性、回帰性、劣等感、神経質、客観性、協調性、攻撃性、活動性、のんき、思考的向性、社会的向性、支配性）に関してそれぞれ10問ずつの質問で構成されており、「はい」「いいえ」「わからない」の三件法によって回答を求めている。所要時間は約30分である。回答後は、定められた方法に従って採点し、プロフィールを描く。プロフィールによって個人の全体的な性格特性を視覚的に把握することができる。また、プロフィールの最上段にパーセンタイルが示されており、各尺度における個人の相対的な位置がわかるようになっている。さらに、基準に従ってプロフィール最下段にある5つの系統値を算出し、その系統値をもとに平凡型、情緒不安定積極型（非行型）、情緒安定消極型（鎮静型）、情緒安定積極型（適応者型）、情緒不安定消極型（ノイローゼ型）の5つ

の型に分けて性格を診断することができる。

② MMPI（ミネソタ多面人格目録）
MMPI（ミネソタ多面人格目録）は精神的・身体的健康、家族、職業、教育、抑うつ的感情、文化についての態度などに関する550個の質問項目から構成されている。またMMPIには、被験者が社会的に望ましい方向に回答していないかをチェックする項目、被験者の注意力が欠如していないかあるいは文章をよく読んで回答しているかを測る項目が含まれている。被験者は「あてはまる」「あてはまらない」を判断して回答する。所要時間は約45分〜80分である。

回答後は、Y－G（矢田部－ギルフォード）性格検査と同様、定められた方法に従って採点し、プロフィールを示す。心気症、抑うつ、ヒステリー、精神病質偏倚（へんい）（人や既成の体制や権威に逆らう傾向）、性度（男子性か女子性か）、偏執、精神衰弱、統合失調（精神分裂）性、軽躁性、社会的向性の10の尺度の適応状態と病態水準を診断することができる。

(2) 投影法
投影法とは、あいまいで多義的な刺激を提示し、被験者に自由に反応してもらい、その反応を分析する方法のことである。この方法は、あいまいで多義的な刺激を知覚する際には、個人の欲求や不安、情緒などが影響されるという考え方に基づいている。

投影法は、提示された刺激に対する反応を介して間接的に被験者の心理的特徴を調べるため、被験者が検査に対して意識的に防衛したり、社会的に望ましい方向に回答を歪めたりすることが質問紙法に比べて少ない。また、被験者の潜在的で無意識的な側面を分析することができる。しかし、その一方で、複雑な反応を検査者の主観を入れることなく客観的に解釈しなくてはならず、検査者の熟練が必要とされる。また、集団での実施が不可能なものが多い。

投影法の代表的なものにロールシャッハテスト、TAT（絵画統覚検査）、文章完成法テスト（SCT）、P－Fスタディなどがある。ここでは、ロールシャッ

ハテスト、文章完成法テスト（SCT）について説明する。

①ロールシャッハテスト
ロールシャッハテストとは、精神科医のロールシャッハが考案したテストである。左右対称のインクのしみ模様の図版10枚を一定の順序で、定められた方向で1枚ずつ提示し、それぞれ「何に見えるか」を回答させ、またその理由を尋ねる。この反応の一つひとつについて、しみ模様のどの領域（全体、大きい部分、小さい部分など）のどのような特徴から、何と意味づけたか、反応にかかった時間はどれくらいかなどについて得点化していき、被験者の性格を解釈していく。ロールシャッハテストは、小学生から大人まで幅広く使用することができる。

②文章完成法テスト（SCT）
文章完成法テスト（SCT）とは、「子どもの頃、私は……」「私の母は……」などの未完成の文章を提示し、被験者がその文章の続きを書いて完成させる方法である。この方法では、「提示された文章を見て、最初に頭に浮かんだことを自由に記述する」ように教示される。刺激として出される文章が短ければ引き出される反応の幅が広くなるが、検査者がその反応を客観的に分析することがむずかしくなる。逆に、刺激の文章が長くなれば反応の幅が狭くなり、客観的に分析しやすくなるが、検査の目的が被験者に察知されやすくなる。記述された内容から、個人の自己評価や対人関係を把握することができるとともに、性格の全体像を把握することができる。

（3）作業（検査）法
作業（検査）法とは、被験者に一定の作業を与え、作業量とその変化、作業内容から個人の特徴を把握しようとする方法である。この方法は、正答数や作業の速さなど客観的に測定できる反応を観察するため、信頼性が高く、容易に実施することができる。また、言語的な反応を求めることが少ないため、低年

齢の子どもから高齢者まで、また外国人にも実施が可能である。しかし、その一方で、人格の限られた側面しか診断できない、結果の総合的な判断には主観が入りやすい、解釈をするのに熟練が必要であるなどの問題点がある。また、被験者に単純な作業を長時間行わせるため、被験者に苦痛を与えてしまうこともある。

作業（検査）法の代表的なものに、内田クレペリン精神検査、ベンダー・ゲシュタルトテストがある。ここでは、この2つのテストについて説明する。

①内田クレペリン精神検査

内田クレペリン精神検査は、クレペリンの連続加算の研究をもとに、内田勇三郎が完成させたテストである。検査用紙には、一桁の数字が横に何行にもわたって並んでいる。被験者は、隣同士の数字をできるだけ早く加算し、その答えの一の位の数字を印刷された数字の間に書き込んでいく。この作業は、検査者の号令に従って、1分ごとに行を変えていき、15分間行う。その後5分休憩した後にさらに15分間同様の作業をする。作業終了後、作業量の多少から知能、仕事の処理能力、積極性、意欲などを診断する。また、各行の加算作業の最終点を線で結んだ曲線の形や作業の誤りの数などから性格や仕事ぶりの特徴・偏り・異常などを診断する。このテストでは、連続加算という単純作業が課題として設定されているので、検査者が何を測定しようとしているのかという検査の目的が被験者にわかりづらい。そのため、虚偽の反応や社会的に望ましい方向への反応の歪みが少ない。また、他の心理テストからはつかみにくい仕事ぶりの特徴を明らかにしてくれる。さらに、精神の健康度や精神疾患の有無などについても知ることができるとされている。

②ベンダー・ゲシュタルトテスト

ベンダー・ゲシュタルトテストとは、9個の幾何学的図形を模写させることによって、精神発達の程度、成人の器質的な脳疾患の有無、心理的な障害や性格の偏りなどを診断するテストである。診断基準は、正確に図形が描写できて

いるかどうか、描写に乱れはないか、どのような描写の仕方をしているかなどである。

<より深く学びたい人のための参考図書>
上里一郎編著（2001）『心理アセスメントハンドブック第2版』西村書店
沼初枝（2009）『臨床心理アセスメントの基礎』ナカニシヤ出版
川瀬正裕・松本真理子・松本英夫編著（2015）『心とかかわる臨床心理－基礎・実際・方法』ナカニシヤ出版

第19講　知能・発達に関するテスト

1. 知能とは

(1) 知能とはなにか

フランスの心理学者の**ビネー**は、**知能**を「外界を全体として再構成するために働く認識能力」と考え、「方向性、目的性、自己批判性」をあげている。また、アメリカの心理学者**ウェクスラー**は、「知能とは目的的に行動し、合理的に思考し、その環境を効果的に処理する個人の総合的・全体的な能力である」とした。このように、知能はさまざまな学者により定義されているが、今日では知能を広い意味で考え、「新しい問題や境遇に対して思考し、適応する能力」ととらえることが一般的である。

また、知能の構成因子についてもさまざまな考え方がある。アメリカの心理学者である**サーストン**は、知能を構成するものとして独立した9つの因子を主張した。これを**多因子説**といい、空間因子、知覚因子、数因子、論理的関係因子、言語の流暢さの因子、記憶因子、帰納推理因子、演繹推理因子、問題解決因子があるとした。

さらに、アメリカの心理学者である**ギルフォード**は、三次元による知能の構造モデルを提案した。これは知能の「操作」の次元（5種類の知的活動）、「内容」の次元（4種類の問題材料）、「所産」の次元（6種類の問題形式）の三次元の組み合わせから成る立体モデルであり、5×4×6＝120の因子により成り立っているとしたものである（図19－1）。

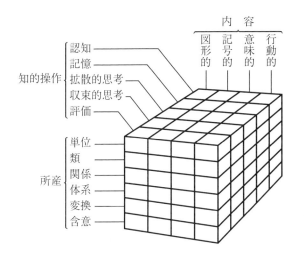

図19-1　ギルフォードの立体モデル

(2) 知能指数

　知能指数は、**暦年齢（CA）**が異なる人の知的機能の程度を客観的に比較できる指標であり、以下の数式によって算出することができる。

　これによると、自分の暦年齢と等しい**精神年齢（MA）**を示した人の知能指数は100となる。また、知的障害の程度をIQで分類する場合には諸説があるが、おおよそIQ50～70は軽度、IQ35～49は中度、IQ20～34は重度、IQ19以下が最重度とされている。

2. 知能検査

　知能検査には、ひとりの人に対して用いられる個別式検査と、採点が容易であることから学校などで大勢に対して一斉に実施する場合に用いられる集団式検査がある。

(1) 個別式検査

個別式検査では、被検査者の筆記により回答をする課題、質問に口頭で答える課題や図形を組み合わせる課題など、さまざまである。

しかし、検査は複雑であり、実施に手間がかかる。また、検査者と被検査者とのラポールを形成することがむずかしいことから、円滑に検査を実施するためには検査者の熟練した技術が必要となる。

個別式検査の代表的なものとして、ビネー式知能検査やウェクスラー式知能検査などがある。

①ビネー式知能検査

ビネー式知能検査は、ビネーが医師のシモンと協力して開発した検査であり、各国で改訂されている。我が国で最も普及している**田中ビネー式知能検査**では、一歳から成人までの各年齢段階に応じた複数の検査項目が用意されており、検査結果として**精神年齢（MA）**および**知能指数（IQ）**が示される。このほかには、鈴木ビネー式知能検査、辰巳ビネー式知能検査などがある。

$$知能指数（IQ） = \frac{精神年齢（MA）}{暦年齢（CA）} \times 100$$

②ウェクスラー式知能検査

ウェクスラー式知能検査は、対象年齢により児童用（ウィスクフォー；WISC-Ⅳ、ただし英語版の最新版は、ウィスクファイブ；WISC-Ⅴ）、成人用（ウェイススリー；WAIS-Ⅲ）、就学前児用（ウィプシ；WPPSI）の三つに分かれている。ビネー式検査が一般知能を測定するのに対して、このウェクスラー式知能検査は、知能の構造、特性を測定し、それらの結果を診断的に用いることを目的としている。WISC-Ⅳでは、全検査IQ（Full IQ；FIQ）と言語理解、知覚統合、注意記憶、処理速度の四種類の群指数から個人の知能の状態

を理解することができる。

(2) 集団式検査

集団式検査はA式（言語性）とB式（非言語性）に分類することができる。新田中B式は、小学校、中学校、中・高・成人用の三つに分かれている。各下位検査には制限時間が設けられ、回答方法は数字や記号の記入という単純なものがほとんどである。

この他の集団式検査としては、教研式新学年別知能検査、日文式就学児用知能検査（PIT）などがある。

3. 発達

(1) 発達とはなにか

発達は、人間が生まれてから死に至るまでの間、身体の構造または機能に生じる漸進的、連続的な変化のことを意味している。人間は、身体的発達と精神的発達が相互に関連し合って発達し続けるものである。また、遺伝や家庭環境、居住環境などが知能の発達に影響を及ぼす要因であるという説もある。発達の速度には個人差があるため、心身の構造や機能に関して、すべての人間が同じ時期に同じ水準に到達するわけではない。

人間は他の動物に比べて、自立までに長い時間を要する。そして、その間、母親あるいは母親的役割の養育者による発達の支援が必要となる。したがって、情緒の安定した母親やその周囲の人々のなかで、生理的、心理的な欲求に対して穏やかな支援を受け、満たされることを通して、子どもは初めて適切に生存、成長ができる。

(2) 発達検査

乳幼児の知性は未分化であり、運動、認知、社会性など全体的な発達と密接な関係がある。発達検査は、主に乳幼児を対象としてその発達状況を理解する

ために用いられる検査である。そして、障害の早期発見など、全体的な発達を援助していく手がかりを得るために利用されている。知能検査との区別は難しいが、知能検査は子どもの知的能力の発達のみを測定するのに対して、発達検査は運動発達や身辺自立など生活全般の事項を評価の対象としている。

以下に臨床現場でよく利用されている発達検査を紹介する。

①遠城寺式乳幼児分析的発達検査法

遠城寺式乳幼児分析的発達検査法は、検査方法が簡単であり、特別な用具も必要ない検査であることからスクリーニングの性格が強い検査であると言える。スクリーニング検査とは、短時間に多くの子どもに対して検査を実施し、何らかの問題のある子どもを見つけることを目的として用いる検査のことである。検査項目は、「移動運動」、「手の運動」、「言語発達」、「情意の発達」、「知的発達」、「社会的発達」の6領域から構成されている。

②津守式乳幼児精神発達診断法

津守式乳幼児精神発達診断法は、日常生活場面の乳幼児の様子を養育者（母親や日頃対象となる子どもによく接している保護者）の日常の観察に基づきながら各項目の可否をチェックする検査であり、「運動」、「探索・操作」、「社会」、「生活習慣（食事・排泄・生活習慣）」、「理解・言語」の5領域から構成されている。

①、②については、検査そのものは簡単であるが、質問紙をチェックする人によって項目の内容の解釈が異なる場合があるため、十分な説明が必要である。

③新版K式発達検査

新版K式発達検査は、発達検査の生みの親と言われるアメリカの発達心理学者ゲゼルの検査とウェクスラーの検査項目を中心に京都市児童相談所が中心となって開発した検査である。検査項目が「姿勢・運動領域」、「認知・適応領域」、

「言語・社会性領域」の3領域に大別され、検査者が対象となる子どもに直接検査を実施する検査である。適応年齢は新生児〜14歳とかなり広いのが特徴である。

④K－ABC心理教育アセスメント・バッテリー

アメリカの心理学者であるカウフマンらが開発した検査である**K－ABC心理教育アセスメント・バッテリー**は、子どもの認知処理の様式を明らかにするための心理学的な下位検査（認知処理過程尺度）と、言葉や数に関しての評価を行う教育学的な下位検査（習得度尺度）によって構成されている。この検査は、子どもの情報処理様式を明らかにすることを目的としている。特に学習障害児などの診断と指導に効果的であり、その結果は比較的容易に教育場面で活かすことが可能である。適応年齢は2歳6ヶ月から12歳11ヶ月である。

⑤イリノイ式言語学習能力診断検査（ITPA）

心理学者のカークにより開発された**イリノイ式言語学習能力診断検査（ITPA）**は、主に学習障害児を対象としている。この検査は、広い意味でのコミュニケーションの能力を情報処理の過程（受容、連合、表出）、情報伝達の回路（聴覚・音声、視覚・運動）、処理の水準（表象、自動）の3つの次元からとらえ、そこから対象となる子どもの学習能力の長所と短所（個人内差）を測定するための検査である。この結果により、その子どもの得意な能力を利用して全体の発達をうながしたり、学習上の課題を改善したりするような指導計画を立てることができる。

4. 知能検査実施上の注意点

知能検査の実施にあたって、いくつかの注意すべき点がある。まず、できるだけ落ち着いた雰囲気の部屋で実施することが大切である。検査を実施する部屋を選ぶ際には、検査に使用しないおもちゃが置いてあったり、窓から外で遊

ぶ子どもが見えたりするような部屋は、検査に対する子どもの集中力の低下を招く可能性が高いため、避けることが望ましい。

　次に、正確な測定のためには、子どもが必要以上に緊張していないことが基本的な条件である。また、検査実施にあたっては、当然のことであるが、その検査の実施要領をよく理解しておく必要がある。検査のなかには、手引書どおり正確に教示することだけでなく、子どもが回答につまったり、誤った回答をしたりする場合の援助の仕方についても規定されている検査がある。検査中には検査者は記録や行動観察、次の項目の準備、計時など、しなければならないことが多い。特に項目数の多い検査の場合、手引書を見ながら検査をしていたのでは時間がかかりすぎるため、子どもが飽きてしまうことになるので注意したい。

＜より深く学びたい人のための参考図書＞
永井利三郎監修・荒井美香子編著（2010）『発達障害の子どもの理解と関わり方入門』大阪大学出版会
願興寺礼子・吉住隆弘編著（2011）『心理検査の実施の初歩』ナカニシヤ出版
村上香奈・山崎浩一編著（2018）『よくわかる心理学実験実習』ミネルヴァ書房

第20講　進路に関するテスト

1. 進路指導におけるアセスメント

　進路に関するアセスメントは、通常、進路指導の一環として実施される。そこで、まず、進路指導とは何かについて整理しておきたい。日本進路指導学会が1987年に示した学校教育における進路指導の定義（表20-1）によれば、進路指導では、将来どのような職に就きたいのか、そしてどのような生活を送ることを好ましいと考えるのかなどの長期的な視点に立った見方ができるようになること、そして、生徒自身が主体的に情報を集め、集めた情報を整理し、自分で進路を決定できる力を身につけられるようになることなどが目標として見えてくる。つまり、どのように生きるかを考え、主体的に進路を選択できる力を養うための指導であって、単に高校や大学に進学できればいい、あるいは就職ができさえすればいいという短期的な指導を指すものではないことがわかる。

表20-1　学校教育における進路指導の定義

学校における進路指導は、在学青少年がみずから、学校教育の各段階における自己と進路に関する探索的・体験的活動を通じて、自己の生き方と職業の世界への知見を広め、進路に関する発達課題と主体的に取り組む能力、態度などを養い、それによって自己の人生設計のもとに、進路を選択・実現し、さらに卒業後のキャリアにおいて、自己実現を図ることができるよう、教師が、学校の教育活動全体を通して、体系的、計画的、継続的に指導援助する過程である。

出典：日本進路指導学会　(1987) より引用

そして、こうした進路指導の目的を達成するために、中学校・高等学校の進路指導の手引（文部科学省）は表20-2にみられる6つの活動をあげている。なお、進路に関するアセスメントは主として自分自身について知る活動において重要な役割を果たすものであるが、こうした自己理解の指導のみならずその他の活動においても重要な役割を果たすことは言うまでもない。

　では、進路に関するアセスメントの場面を具体的に考えてみよう。進路の選択にあたっては、まず、どのような分野あるいは仕事に「興味」を有しているのかを知らなくてはならない。また、進路選択を有効なものとするためには「能力」に関する情報も必要となる。もちろん、これら以外にも性格や価値観などさまざまな情報が必要と考えられる。しかし、ここでは、特に興味と能力に焦点をあててみていこう。

表20-2　中学校・高等学校進路指導の手引：進路指導の活動

①個人資料に基づいて生徒理解を深める活動と生徒に正しい自己理解を得させる活動
②生徒に進路に関する情報を得させる活動
③生徒に啓発的経験を得させる活動
④生徒に進路に関する相談の機会を与える活動
⑤就職や進学に関する指導・援助の活動
⑥卒業者の追指導に関する活動

出典：藤本喜八（1991）『進路指導論』恒星社厚生閣より引用

2. 興味について評価する

　進学にあたっては、理系か文系か、あるいは、もっと具体的にどんな学部、学科に進みたいのかなどが問われる。そして、あいまいなところから出発したとしても最終的には特定の学校を選択させるをえない。このとき、卒業後に続く職業生活をイメージしている人はどのくらいいるだろうか。また、就職にあ

第20講
進路に関するテスト

たっては、「好きな仕事」「やってみたい仕事」のイメージはできても、自分自身の興味がどのような分野に向いているのかを実際の職業との関係で明確に把握している人はどのくらいいるのだろうか。

　そこで、興味とその興味を満たす進路との関係を知るための評価について考えてみよう。一つは、直接的な方法で進路先のより詳細な情報を提示し、その学科あるいは仕事に関する興味の有無を確認する方法である。もう一つは、「人と話をするのが好きだ」「機械を操作するのが好きだ」「コツコツ決まった手順で物事をするのが好きだ」などの質問に答えてもらい、その結果からどのような学科（あるいは職業）に興味があるのかを知る方法である。こうした方法を用いたテストは既に中学校、高校、あるいは大学でも用いられている。なお、前者に関しては直接的な問いであるため、検査の標準化などの手続きは必要とされないが、後者の場合は検査の作成に関する標準的な手続きを経ている必要がある。

　こうした手続きを経ている検査として**職業レディネス・テスト**（対象者は13歳〜18歳程度の中学校・高等学校在学生徒。ただし、20歳前後であっても職業経験の浅い者や職業に関する知識が乏しい者には適用できる）や**VPI職業興味検査**（対象者は主として大学生）などがある。これらの検査では、表20-3に見られる6領域に関する興味を測ることができる。また、職業レディネス・テストでは興味以外に基礎的志向性などが、VPI職業興味検査では心理

表20-3　職業に関する興味領域

現実的職業領域……機械や物を対象とする具体的で実際的な仕事や活動の領域
研究的職業領域……研究や調査のような研究的・探索的な仕事や活動の領域
社会的職業領域……人と接したり、人に奉仕したりする仕事や活動の領域
慣習的職業領域……定まった方式や規則、習慣を重視したり、それにしたがって行うような仕事や活動の領域
企業的職業領域……企画や組織運営、経営などの仕事や活動の領域
芸術的職業領域……音楽、美術、文学などを対象とするような仕事や活動の領域

出典：日本労働研究機構（2002）『VPI職業興味検査』日本文化科学社より引用

的傾向などが併せて測られる。

　なかには、いろいろな領域に興味があり特定の領域に定まらない生徒もいるかもしれない。あるいは、全体的に興味がない生徒もいるだろう。しかし、それぞれの領域について学ぶことのできる具体的な学科名や仕事名が明らかとなり、学ぶ内容や仕事の内容について詳しくわかるにつれて興味はより適切に分化していくはずである。また、さまざまな情報を得ることで、興味のある領域そのものが変化していくこともあるかもしれない。したがって、こうした検査は1回実施すればそれでよい、というのではなく必要に応じて利用されることが望ましい。

3. 能力を評価する

　希望する高校や大学などの進学にあたっては、それぞれ中学校、高校時代の学力が一つの指標となる。このとき求められる能力は、それぞれの進路において異なる。数学的な能力が必要な場合もあれば、語学に関する能力が必要な場合もある。また、美術や音楽などの能力が求められる場合もある。しかし、進路指導は最近まで「入りたい学校よりも入れる学校」が勧められる進学指導であった。その意味で学力面を評価するテストは充実していると言える。
　しかし、職業に就くときに求められる能力は学校時代に求められる能力とは必ずしも同じではない。たとえば、厚生労働省編一般職業適性検査（事業所用と進路指導用があり、進路指導用は中学生以上から使用できる）をみてみよう。この検査は紙筆検査と器具検査とから構成されており、9種の適性能（知的能力、言語能力、数理能力、書記的知覚、空間判断力、形態知覚、運動共応、指先の器用さ、手腕の器用さ）について測定できる（表20-4）。これらの能力は、学力と共通する部分もあるが、学力としては評価されにくい能力（指先や手腕の器用さなど）もある。確かに学校時代には不器用であったり、動作がゆっくりであったとしてもあまり大きな問題にはならないかもしれない。しかし、単位時間あたりの生産性を要求される仕事に就く際には重要な評価の視点

表20-4　一般職業適性検査で測定される能力

知的能力	説明・教示や諸原理・諸概念を理解したり推理し、判断したりする能力
言語能力	言語の意味およびそれに関連した概念を理解し、それを有効に使いこなす能力
	言語相互の関係および文章や句の意味を理解する能力
数理能力	計算を正確に速く行うとともに、応用問題を解き、推論する能力
書記的知覚	文字や数字を直感的に比較弁別し、違いを見つけ、あるいは構成する能力
	文字や数字に限らず、対象をすばやく知覚する能力
空間判断力	立体形を理解したり、平面図から立体形を想像したり、考えたりする能力
	物体間の位置関係とその変化を正しく理解する能力
	設計図を読んだり、幾何学の問題を解いたりする能力
形態知覚	物体あるいは図解されたものを細部まで知覚する能力
	図形を見比べて、その形や陰影、線の太さや長さなど細かい差異を弁別する能力
運動共応	眼と手または指を共応させて、迅速かつ正確に作業を遂行する能力
	眼でみながら、手で迅速な運動を正しくコントロールする能力
指先の器用さ	速く、しかも正確に指を動かし、小さいものを巧みに取り扱う能力
手腕の器用さ	手腕を思うままに巧みに動かす能力
	物を取り上げたり、定められた位置関係で正確にすばやく持ち替えたりするなど、手腕や手首を巧みに動かす能力

出典：厚生労働省編（1987）『一般職業適性検査手引』より引用

となる。

　また、進学の際にはあまり重視されないが、仕事に就く際に求められる能力としては、適切な対人関係を築く能力やマネージメント能力があげられる。しかし、こうした側面を適切に評価できる検査はほとんどないといってよい。したがって、友人や先生との間にどのような人間関係を築いているのかなど、学校での様子が重要な評価のポイントとなる。能力について評価する検査、たとえば、一般職業適性検査では「知的能力」と「手腕に関する能力」に関する評価が十分であれば、「介護に関する仕事」が適職としてあげられる。しかし、

この適職判定において介護の仕事に当然求められるであろう対人的な能力が考慮されていない点には注意が必要である。

4. 進路指導における進路テストの限界

　現在、高校への進学率は9割をはるかに越え、多くの者がとりあえず高校に入学する。しかし、高校に進学した者のうち、2016年度は47,249人（全体の約1.4%）が中途退学をしている。その主な理由は、学校生活や学業への不適応と進路変更である。また、フリーターの数も年々増加する傾向にある中で、進路指導の重要性はますます増している。

　このような状況にあって進路に関するテストは、生徒の興味や能力に関して一定程度の情報を与えてくれる。このことは生徒にとっても進路指導を担当する者にとっても重要である。しかし、生徒の興味、将来の夢、そこにある「なりたい自分」と能力的な側面から検討される現実としての「なれる自分」の間には埋めがたい差があることも少なくない。このような場合であっても、単に「できない」と決めつけるのではなく、また、可能性の有無を問わずにがんばり続ける生徒をただ励ますのでもなく、どのように自分の希望と折り合うのか、できない自分をどのように受け止めるのかなどについて指導していくことが必要となる。このとき客観的なテストや観察の結果はより深い自己理解に到達するための話し合いの良い資料となる。また、こうした活動の中で、今後、習得した方がよい技術や知識が明らかになるなど、問題解決への具体的な行動が示唆されることも少なくない。しかし、進路の選択にあたってはテストで測ることのできる個人の興味や能力以外にも保護者の経済状態や意思など数多くの要因が影響する。したがって、進路指導では進路に関するテストでは測れないものを十分に理解した上で、テストの結果を利用することが必要である。

<より深く学びたい人のための参考図書>
吉田辰雄・篠翰（2007）『進路指導・キャリア教育の理解と実践』日本文化科学社
苅谷剛彦・本田由紀編著（2010）『大卒就職の社会学－データからみる変化－』東京大学出版会

第21講　教師へのコンサルテーション

1. コンサルテーションとは？

　スクールカウンセリングでは、子どもに対するカウンセリングといった直接的な相談援助だけでなく、教師や保護者がどのように子どもを支援するとよいかアドバイスするという子どもへの間接的な援助も行う（図21-1）。

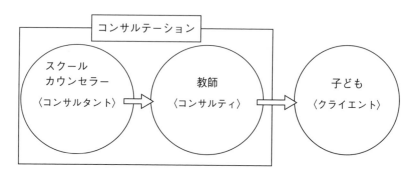

図21-1　コンサルテーションを通した子どもへの援助

　心理・福祉の専門家であるスクールカウンセラーやスクールソーシャルワーカーは非常勤勤務のことが多く、限られた時間の中でしか子どもと接することができない。そのため、教師に対するコンサルテーションがとても重要な意義を持っている。学校心理学研究の第一人者の石隈利紀の著書『学校心理学』に

よると、「**コンサルテーション**とは、異なった専門性や役割を持つ者同士が子どもの問題状況を検討し今後の援助のあり方について話しあうプロセス（作戦会議）」とされている。そのため、スクールカウンセラーは「心理の専門家」として、教師は「教育の専門家」として子どもへの援助を話し合うことになる。

　ここで注意しなくてはいけないのが、コンサルテーションはカウンセリングとは異なるということである。コンサルテーションでは、相談する側の人はクライエントではなく専門性をもった**コンサルティ**ととらえる。たとえば、学校でのコンサルテーションでは、コンサルティは教師であり、**コンサルタント**はスクールカウンセラーとなることが多い。これは決してスクールカウンセラーが上という上下関係を意味しているのではない。コンサルティである教師は、教育という専門的な職務の中で心理学の知識を必要とする課題「（たとえば、クラスに不登校の生徒がいるのでどのように関わればいいか）」を解決していく必要が生じたとする。そこでコンサルティ（教師）はコンサルタントであるスクールカウンセラーの支援を活用しながら、自分の責任のもとで判断し、その解決を促進していくというのがコンサルテーションの関係なのである。つまり、コンサルタントとコンサルティは異なる専門性をもった者であり、コンサルティの職務の課題を解決する上でそれぞれの専門的知識を活用するという関係なのである。

　また、よく混同されるのが**スーパーヴィジョン**関係であるが、これは同じ専門家同士で、スーパーヴァイザー（経験者）がスーパーヴァイジー（未経験者）に対して技術的な指導を行うという関係である。

　心理臨床の専門家である山本和郎はその著書『危機介入とコンサルテーション』においてコンサルテーションの基本的特性を以下のように示している。

　①コンサルテーション関係はおたがいの自由意志にもとづいている。コンサルタントはコンサルティに招かれた関係でなくてはならない。
　②コンサルタントはコンサルティが属している組織の部外者であること。コンサルタントとコンサルティには利害関係がないこと。

③コンサルテーション関係は時間制限があること。問題の責任の主体はコンサルティにあるがゆえに、コンサルタントはコンサルティが依存的になることを防ぎ、一定の距離をもって援助する。
④コンサルテーション関係は（特にケース・コンサルテーション関係）、課題中心で成り立つ。ケースを客観的に理解することを主眼とし、コンサルティの情緒的問題にはふれない。コンサルティの専門性を尊重する。

2. 教師へのコンサルテーションのあり方とその目的

先述した山本和郎の著書で述べている教師へのコンサルテーションを参考にするとコンサルテーションのあり方や目的は次のようになる。

①コンサルテーション関係では、コンサルティの個人的な心情や心の内面についてふれることはしない。

カウンセリングではクライエントのよろいをぬがせようとするが、コンサルテーションでは「コンサルティの専門性」というよろいを強化する。コンサルテーションは教師をカウンセリングすることとは異なる。

②コンサルタントは、コンサルティのもっているポジティブな面を大切にする。

コンサルティの経験、熱意、使命感、価値観、子ども好きなところ、まじめさ、明るさなど、コンサルティが持っているよい面を大切にとらえる。

③コンサルティの価値観をおびやかさない。

コンサルティである担任教師、生徒指導主任、さらに校長・教頭のもつ教育観、指導観といった価値観について直接問題にしない。

④コンサルテーションの中で、コンサルタントは対象児の臨床像、問題の構造についてコンサルティにわかりやすく提示する。

　　　　コンサルティが見ていた子ども像がコンサルタントと話をしていくこ
　　　　とによってより広く豊かになるようにする。このようになると教師は
　　　　子どもが持っているよいところを活用して対応方法をいろいろと考え
　　　　るようになる。
　⑤コンサルタントは学校以外の相談機関、病院などの外的資源とのネット
　　ワークを作っておく。
　　　　コンサルテーションの対象となる子どものケアに必要な資源をいつで
　　　　も導入できる準備をしておく。

　このように、コンサルテーションは教師が自らの職務上での役割を遂行する
上で起こっている問題を解決するための援助である。しかし、教師が抱えてい
る問題を解決するだけではなく、コンサルテーションを通してその教師が次に
出会った子どもたちに対して速やかに援助することができたり、自信を持って
対応できたりするような子どもへの援助能力の向上を図ることも重要な目的の
一つとなっている。

3. コンサルテーションの種類

　コンサルテーションの概念を定義した児童精神科医のキャプランの理論をふ
まえ、山本和郎はコンサルテーションの4つの型を示している。これを学校現
場におきかえて説明すると次のようになる。
　①クライエント中心のケース・コンサルテーション
　　　　たとえば、教師がかかえている生徒の問題について、その問題につい
　　　　て話し合い、その生徒の問題解決の方法を考えるといった方法。
　②コンサルティ中心のケース・コンサルテーション
　　　　コンサルティである教師自身が子どもへの対応に関して直面している
　　　　問題について、教師が客観的に分析し、理解し、そして問題解決につ
　　　　いての過程を一緒に考えるといった方法。

③対策中心の管理的コンサルテーション

  たとえば、学校で不登校対策のため援助チームを作るといった意見を提言したり、それを運用していくための具体的な技術提供やチームを組織していくといった方法。

④コンサルティ中心の管理的コンサルテーション

  組織管理上の課題について行う点では、③対策中心の管理的コンサルテーションと同じであるが、ここでは教師自身が焦点となりその教師がかかえている管理上の問題について援助していく方法である。

また、コンサルテーションはそれをどのようなタイミングで行うかによっても分類することができる。たとえば、何か問題が発生したときに援助を行う**危機コンサルテーション**や定期的に教師や保護者に対して援助を行う**定期的コンサルテーション**などがある。

さらに、先述した石隈は学校での教師へのコンサルテーションを個別か、もしくはチームかといった視点でとらえている。まず、担任教師がスクールカウンセラーと子どもの問題について、個別に話し合い対応方法を考える**個別コンサルテーション**がある。さらに担任、養護教諭、生徒指導主任、不登校担当教師、スクールカウンセラー、あるいは保護者など、子どもに対して多様な役割で関わっている人により構成された援助チームによる対応方法を**相互コンサルテーション**としている。これがいわゆる「**チーム学校**」である。

4. コンサルテーションの方法論

コンサルテーションの方法論はいくつもあるが、代表的なものとしては先述したキャプランによる精神衛生コンサルテーション、アメリカの学校心理学の研究者のバーガンが提唱している行動コンサルテーションなどがある。

キャプランの精神衛生コンサルテーションでは、コンサルティが自分の問題をあつかえない状況に陥っている原因として、知識の不足、技術の不足、自信

のなさ、そして職業的客観性の欠如をあげている。特にコンサルティの客観性を妨害しているステレオタイプ的な認識パターンに注目して、それらに対してコンサルタントが介入していくのが特徴の一つになっている。

行動コンサルテーションは応用行動分析の理論を背景とし、まず、①データを取り、②それらを活用して子どもの取り巻く環境、生育歴や障害などをふまえ、子どもの行動を分析する。さらに、③問題の定義づけから問題の分析、そして介入、介入の評価というプロセスがはっきりしており、④2人以上で問題の分析、介入、評価を行うのに適している。データに基づいていることが大きな特徴であることから、「子どもへの対応がうまくいっているか、それとも対応方法を変更したほうがいい状況なのか」といった判断をする上で共通理解を持ちやすく、対応がうまくいっているかどうかを把握しやすいという利点がある。

5. コンサルテーションのプロセス

コンサルテーションにはいくつかの段階がある。石隈利紀は前述した『学校心理学』においてコンサルテーションのステップを5つに分け、それぞれのステップでのコンサルテーションの内容について説明している（図21-2）。石隈によると、

ステップ1は、コンサルティ（教師）からコンサルタント（スクールカウンセラー）にコンサルテーションの依頼があり、コンサルタント-コンサルティの関係を作っていく段階であるとしている。ここではコンサルタントは自分の専門性やコンサルテーションで行われる内容についてのガイダンスを行い、さらにコンサルテーションの目標を確認する。

ステップ2では、子どもがどう困っているのかについて状況を把握し、さらにコンサルティがこれまでにどのように理解し関わっていたかを整理していく。そして問題状況の中から早急に関わる必要のある点について優先順位をつけていき問題を定義する。そして、解決に向けての仮の目標を立てる。

ステップ3では、ステップ2で立てた問題の定義について、子ども自身の学習や対人関係などの様々な情報や子どもを囲む周囲の状況やかかわり方など、子ども本人やその環境要因についてアセスメントしていく。またアセスメントしていく中で必要に応じて観察や検査などを行っていき、さらなる情報収集をしていく。

　ステップ4では、アセスメントをふまえ子どもの問題状況について明確化したら目標の設定と方針を立て、解決のための対応方法について具体的に議論していく。

　最後のステップ5では、ステップ4で決めた対応方法をコンサルティが実践していく中で、対応が難しく苦労しているところをフォローしたり、時にはコンサルティを励ましたり、対応がうまくいっているかどうか評価したりすることを行う。対応方法が子どもの実状にあっていない場合や効果が見られないと判断されればステップ2に戻り検討しなおすこともある。

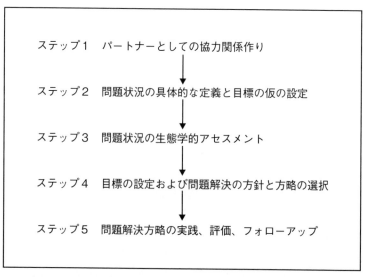

図21−2　コンサルテーションのプロセス
出典：石隈利紀（1999）『学校心理学』誠信書房より引用

このようにコンサルティはコンサルタントとのやりとりの中から新たな子どもの見方を取り入れたり、関わり方を身につけたりすることができる。こうしたコンサルテーションのプロセスが教師の援助力の向上につながっていくのである。

<より深く学びたい人のための参考図書>
加藤哲文・大石幸二（2011）『学校支援に活かす行動コンサルテーション実践ハンドブック』学苑社
山本和郎（2002）『危機介入とコンサルテーション』ミネルヴァ書房
石隈利紀（1999）『学校心理学』誠信書房

第22講　ソーシャルスキル教育

　子どもへの支援では、支援が必要な子どもに対しての個別支援だけでなく、集団（例えば学級、学年）を対象とした支援も同時に行っていく必要がある。本講では、学級などの集団を対象として行う支援について述べていく。

1. 心理教育プログラムとは

　2011年10月に起こった大津中2いじめ自殺事件をきっかけとして、2013年に**いじめ防止対策推進法**が制定された（第4講参照）。いじめ防止対策推進法は、社会全体でいじめの問題に向き合い、対処していくための、基本的な理念や体制を定めた法律である。そのため、全ての学校がこの法律に沿って、各学校での**いじめ防止基本方針**を策定し、いじめが絶対に起こらないように、いじめの予防について計画的、かつ組織的に取り組むことが求められている。

　いじめ問題の第一人者である森田洋司は、いじめの加害者と被害者は友人関係が男女共に約80％を占めると指摘している。つまり、日頃から、学級活動において人間関係づくりに取り組むことがいじめの予防につながるのである。そこで注目されているのが心理教育である。心理教育の目的は、子どもの教育ニーズ全般を対象として、治療的・予防的・発達的な観点から、社会的問題（いじめ、不登校、非行、薬物乱用、自殺など）を予防することである。予防には未然防止の他に早期発見・解決が含まれる。さらに、学校（または学級）の豊かな人間関係づくりといった積極的・開発的な目的でも実施されている。すでに、一部の学校現場では人間関係づくりのための心理教育が実施されており、「人を思いやる行動が増えた」「学級のルールを守るようになった」といった子どもの変容が報告されている。こうした法律の施行や子どもたちの人間関

係の実情などもあり、学校での**心理教育**の導入が積極的に進められている。そのためのプログラムが**心理教育プログラム**である。

　心理教育プログラムは、いじめだけでなく不登校の予防策としても有効であることがわかっている。文部科学省が毎年行っている調査の1つに「児童生徒の問題行動・不登校等生徒指導上の諸課題に関する調査」がある。その調査の2016年度のデータよると、国公私立の小・中学生の不登校の要因の約25％は「いじめを除く友人関係」であった。また、「教職員との関係」もあげられており、人間関係のトラブルが多くあげられている。学校臨床心理学者である小林朋子によると、コミュニケーションが良好な学校では、子ども同士のトラブルが少なく、学習場面での学びあいができ、いじめや不登校が少なく、結果として、子どもの学力が向上し、かつ、教師にゆとりが生まれる。逆に、コミュニケーションがギクシャクしている学校では、子ども同士のトラブルが多くなるため、いじめ・不登校が多くなる。また教師は生徒指導に多くの時間を取られることになり、教師も疲れ余裕がなくなるという負のスパイラルに入ってしまう、と述べている。だからこそ、心理教育プログラムによって、子どもに人と関わる上で必要な知識とスキルを意図的に教え、コミュニケーション力を向上させることも、いじめだけでなく不登校の予防にもつながるのである。

2. ソーシャルスキル教育について

　学校現場で実践されている心理教育プログラムは、**ソーシャルスキル教育**（Social Skills Education；以下SSE）、構成的グループエンカウンター、対人関係プログラム、ロールプレイ（役割演技）などがある。本講では、子どもの対人関係能力の向上に効果があることが実証されているソーシャルスキル教育をとりあげ、実践例を交えて紹介する。

(1) ソーシャルスキルとは

ソーシャルスキルとは人と関わる際に必要な知識や技術のことである。小・中学生に教えるときには、人間関係のコツ、人とうまくつきあうためのコツと伝えるとわかりやすい。ソーシャルスキルの具体例としては、「あいさつする」、「謝る」、「感謝する」、「質問する」、「アドバイスをする」、「皆の前で話す」、「相手の話を聴く」、「仲間の輪に入る」、「手伝ってほしいことを伝える」、「理不尽な要求を断る」、「友だちと仲直りをする」、「イライラした気持ちを収める」、「葛藤場面を解決する」など多くのスキルがある。ソーシャルスキルの研究者である菊池章夫は、若者のためのソーシャルスキルとして100のスキルを示しているほど多様なのである。子どもの時は、その基礎となるスキルを身につけ、成長するにしたがってスキルを発展させていくことが望まれる。そのためにも、小中学校の時代に家庭や学校などで学んでおく必要がある。

またソーシャルスキルは三つの要素で構成されている。「おはよう」「ありがとう」などの**言語スキル**、身振りや手振り、表情、声、視線、相手との距離、接触行動といった**非言語スキル**、自分と相手の気持ち（喜怒哀楽など）の理解や調整などの**感情スキル**である。子どもに教える際には、この三つの要素をふまえていく必要がある。

(2) ソーシャルスキル教育（SSE）について

SSEとは、学校で教師が子どもに意図的にソーシャルスキルを教え、身につけさせるための教育活動である。小学校では2018年度から（中学校では2019年度から）、「（従来の）道徳」は**特別の教科　道徳**」となった。文部科学省から2015年に発行された「小学校学習指導要領解説　特別の教科　道徳編」には、指導方法の工夫例として道徳的行為に関する体験的な学習を適切に取り入れることが示されている。つまり、「特別の教科　道徳」では、感謝、礼儀、思いやりといった心情を育むだけで無く、その心情を体験的に学ぶことが目標に含まれているのである。この体験的学習の具体的な手立ての一つがSSEである。文部科学省が2017年に発刊した「小学校学習指導要領解説　特別活動編」

にも「よりよい人間関係の形成の指導として、社会的(ソーシャル)スキルを身に付けるための活動を効果的に取り入れることも考えられる。」と明記されている。その他にも、国語の「話す・聞く」の単元、体育の「運動中に起こる子ども同士のトラブルの解決」、「集合・待機・移動といった集団行動の獲得」、そして「心の健康」でもSSEが行われている。こうしたことからも、今後、学校においてSSEが行われることが多くなると考えられる。

SSEは、これまでは学級担任が実施することが多かったが、チーム学校の理念に基づき、また、多忙な学級担任の負担をやわらげるために、養護教諭、スクールカウンセラー、などがSSEを実施することも期待される。こうしたことからも、教師だけでなく学校に関わるすべての支援者がSSEを実践できる力をつけていくことが求められているといえる。

(3) ソーシャルスキル教育の実践例

①SSEの授業

SSEの特徴は、知識としてソーシャルスキルを理解するだけではなく、仲間を相手に体験的に学習することである。SSEの授業はインストラクション、モデリング、リハーサル、フィードバック、ホームワークの順に行われる(表22-1)。

②SSEの効果

筆者が公立小学校で感謝スキルの獲得を目標として実施したSSEによる学級の変容を紹介する。

実施対象校の児童の多くは人なつこいが、一部の男子が乱暴に振る舞うことがあった。そのため、男子と女子の間でいざこざが起こり、クラスの雰囲気はとげとげしていた。たとえば、男子が体育館に忘れたジャンパーを、女子が届けてくれたにもかかわらず、その男子は無言で奪い取るように受け取ることがあった。時には、届けてもらった男子が、届けてくれた女子に「おれのジャンパー取ったな」などひどいことを言い、大きなトラブルに発展したこともあっ

表22-1 「じょうずな聴き方」に関する授業の流れ

	時間	ステップ	めあて・内容・留意点
導入	5分	インストラクション	めあて：ソーシャルスキルを学習する必要性を理解することができる。 内　容：教師が子どもにソーシャルスキルを身につけることの利点を伝える。 留意点：ソーシャルスキルの学習に興味・関心・意欲を持たせる。
主活動	10分	モデリング	めあて：2つの場面を見て、比較することで、ソーシャルスキルの中身である具体的な行動を学ぶことができる。 内　容：教師が「へたな聞き方」として手遊びをしながら話しを聞いている例と「じょうずな聞き方」として相手を見て、うなずきながら聞いている例の両方を演じて見せる。両場面の違いを子どもに問いかける。 留意点：場面毎の違いが分かるように、大げさなくらいに演じる。
	15分	リハーサル	めあて：友達を相手に、ソーシャルスキルをくり返し体験学習することができる。 内　容：子どもが二人組になり、モデリングで見た二つの場面について、役割を交代しながらやってみる。 留意点：役割を変えながら、何度も練習できるように、時間は多めに用意する。
	10分	フィードバック	めあて：今日の学習をふり返り、学習内容を定着させることができる。 内　容：教師がリハーサル中の子どもの良かったところ、または、こうした方がもっとよくなる点を伝える。また、子どもがリハーサルをしてみた感想や友達の良かったところを発表する。 留意点：「相手の方を見て、聞いていたのが良かった」など具体的に伝える。
まとめ	5分	ホームワーク	めあて：家族を相手に、ソーシャルスキルをくり返し練習することができる。 内　容：家でソーシャルスキルを練習することを宿題として出す。 留意点：子どもがソーシャルスキルを実行したら、誉めるよう、家庭に依頼する。

た。担任教師より相談を受けた筆者は、「感謝スキル」の学習を提案し、SSEを実施した。45分の授業を2回行い、家で感謝スキルを実行してみるという宿題を出した。しばらくの間、子ども、教師、保護者が一体となり、感謝スキルの実行に取り組んだ。

約2ヶ月後、担任教師が学級の様子について、「今まで感謝の気持ちを伝えていなかった子どもほど伝えられるようになった。彼らが感謝の気持ちを伝えるようになったせいか、子ども間のいざこざが減り、クラスの雰囲気がまろやかになった。私も授業がしやすくなり、子ども達も集中して学習するようになった。」とのことであった。

この実践からもわかるように、SSEが子どものソーシャルスキルの獲得と人間関係づくりに効果があると同時に、いじめや不登校などの予防効果があることがわかる。子ども間のいざこざをそのまま放置しておけば、いじめや不登校といった深刻な問題へと発展する危険性があるからである。

(4) SSEを日常生活に活かす取り組み

SSEの授業を実施した後、**維持**と**般化**という課題に取り組む必要がある。維持とはソーシャルスキルを長期間にわたって活用しつづけることであり、般化は学習したソーシャルスキルをいろいろな場面で活用することである。日常生活で活用できるためには、相手や状況が変わっても、学んだスキルを使えるようにすることが必要なのである。そのため、SSEの授業を一度行っただけでは難しい。SSEの授業が終わった後に、毎日の学校生活のなかで、ソーシャルスキルをくり返し練習する必要がある。以下に、具体例を紹介する。

①生徒指導場面を利用する

文部科学省の生徒指導提要では、ソーシャルスキル教育が紹介されており、ソーシャルスキルの視点を生かした生徒指導が推奨されている。学校での生徒指導では、「ちゃんと○○しなさい」「しっかり○○しなさい」といった指示が多い。しかし、この指示はあまり効果が期待できない。なぜならば、「ちゃん

と」「しっかり」という表現は抽象的であり、具体性に欠けているからである。この指示を受けた子どもは、自分のどこをどのように修正すればよいのかわからないままなのである。そこで、ソーシャルスキルの視点を取り入れた生徒指導が重要なのである。例えば、朝の小学校の校門でのあいさつ指導場面で考えてみる。子どものあいさつを観察していると、教師の顔を見て元気にあいさつする子どもがいる一方で、下を向いてあいさつする、無表情であいさつする、聞こえないくらいの小さな声であいさつする、自分からはあいさつしない子どももいる。そこで、「しっかりあいさつしましょう」と声をかける代わりに、あいさつスキルを生かして、以下の様に指導すると効果的である。

・下を向いてあいさつしている子どもに対しては、「相手を見て、あいさつしましょう」。

・無表情であいさつする子どもには「笑顔であいさつをしましょう」。

・小さな声であいさつしている子どもには「聞こえる声の大きさであいさつしましょう」。

・自分からはあいさつしない子どもには「自分から先にあいさつしましょう」。

また、学んだスキルを学校の玄関、階段、廊下、教室の壁面にポスターを掲示しておくことも有効である。子ども達は、ポスターを見るたび、ソーシャルスキルを意識することができ、日常生活の中で実践するようになる（図22-1）。

②授業中、帰りの会、給食場面などを利用する

授業中や帰りの会などは、子どもがソーシャルスキルを練習する絶好の場である。発表者は話し方スキルを、聞き手は聞き方スキルを意識して練習するのである。給食場面でも、給食当番からだまって給食を受け取るのではなく、感謝スキルを使って、「ありがとう」と言ってから、受け取るようにするのである。いろいろな場面でソーシャルスキルを使うことが般化につながるのである。

第22講
ソーシャルスキル教育

図22-1 「あいさつスキル」のポスター例

③学校と家庭が連携し、家庭の協力を得る

　学校現場でSSEを実践する際に、大事なポイントは学校と家庭の連携である。子どもがソーシャルスキルを学校だけでなく家庭でも練習すると、般化と維持につながるからである。家庭と連携する際には、保護者会の場などを利用して、保護者にソーシャルスキルという考え方や、スキルを身につけたことによるメリットを伝えていく。その際、子どもたちが学んでいるソーシャルスキルを保護者が体験的に学べるとよいだろう。具体的には、教師がモデリングを見せた後、保護者同士がペアとなり、リハーサルをしてみる。その後、ペア同士が、感想や気づきを述べあい、フィードバックするのである。

　また、家庭にソーシャルスキルのポスターの掲示や、子どもが家庭でソーシャルスキルを実行したら、保護者がそれをほめるような関わりを依頼したり

する。このように家庭の環境も整えることで、子どもがソーシャルスキルを実行しやすくなるのである。

　家庭から、「子どもが一生懸命に話してくれるようになったので、うれしいです」、「話し方のコツを意識することで、その後の子どもへの対応が穏やかになり、心の余裕が出ました」などの感想があがることもある。学校と家庭が連携して行うことで、ソーシャルスキルの般化と維持だけでなく、家庭生活そのものに良い影響を与えることができるのである。

<より深く学びたい人のための参考文献>
渡辺弥生・原田恵理子編著（2015）『中学生・高校生のためのソーシャルスキル・トレーニング』明治図書
阿部利彦・清水由・川上康則（2017）『気になる子もいっしょに体育ではじめる学級づくり：ソーシャルスキルのつまづきを学級経営に生かす応援プラン109』学研
相川充・藤枝静暁編著（2018）『イラスト版　子どものためのモラルスキル』合同出版

第23講　心のケア

1. 子どもの心のケア

　心のケアとは、心身の健康に関する問題を予防すること、あるいはその回復を支援することである。我が国では、1995年に発生した阪神淡路大震災を機に、心のケアは自然災害や事件・事故など危機的出来事により被害を受けた子どもたちへの重要な支援であるという認識が浸透した。

　日常生活において子どもが身体にけがをすると、まずは身近にいる大人が対応する。心が傷ついた時も、身体と同様にできればいいのだが、心の傷の状態は直接見ることができず、本人にも自覚されないことが多いため、周囲の大人は見落とすことがある。また、「どうしていいかわからない。」「もっと悪化させてしまうのではないか。」という不安やとまどいのため対応を躊躇してしまうこともある。特に、自然災害などの危機的出来事の後は、大人は生活を再建するために多大なエネルギーを要するため余裕を失い、子どもへのていねいなかかわりが難しくなる。

　子どもの心のケアに取り組むためには、災害、事件、事故後に子どもに現れるストレス症状の特徴や基本的な対応を理解したうえで、きめ細かい観察や適切な対応を継続していくことが必要となるが、そのためには周囲の大人への支援体制を整えることが重要であり、スクールカウンセラーや専門家との連携が不可欠となる。

(1) 初期の心のケア

①トラウマとトラウマ反応

　災害、事件、事故など、強い恐怖や衝撃を伴い、自分で対処できない圧倒的な出来事の体験を**心的外傷（トラウマ）**体験という。（表23-1）そして、トラウマ体験をした子どもは、さまざまなストレス反応（**トラウマ反応**）を示す（表23-2）。学童期の子どもは、言葉でうまく表現できないため、不安や恐怖心を体や行動の変化として表す。思春期の子どもは、大人に似た気持ちの変化を経験し、自分を責めたり、起こったことの理不尽さに対する怒りを反抗、粗暴な行動、非行などの形で表現したりすることがある。それらは一見すると、トラウマが原因になっていると気づかず、個人的な問題として扱われてしまう場合があるため、注意が必要である。

②トラウマ反応への対応

　トラウマ反応は「異常な事態に対する正常な反応」「誰にでも起こりうる自然な反応」であると言われている。そして、安心できる関係や環境を整え、適切なサポート（図23-1）を受けるならば、子どものダメージは緩和され、反応は徐々におさまっていく。家庭においては保護者が、学校においては教師が、安心安全の確保を中心にした子どもの心のケアを行うことになる。

③**二次的被害**の防止

　子どもの身近にいる大人にトラウマ反応という視点がないと、子どもの怒りっぽさや落ち着きのなさは、わがままな行動とうつり、子どもをしかってしまうかもしれない。また、食欲がない、眠れないなどの身体症状や大人と離れられない様子は、異常とうつり、過剰な不安を抱くかもしれない。そのような大人の態度に、子どもは自分の気持ちを素直に表現できなくなったり、自分のことを「おかしい」「はずかしい」と感じたりするようになる。そうなると子どもの心はさらに傷つき（**二次的被害**）、自分の感情を押し込め、その後の回復に影響を与えることになる。したがって、身近な大人にトラウマとなる体験

表23-1 トラウマ体験の原因になるような出来事

○災害：地震、水害、火災、人的災害、人の死の目撃
○事故：交通事故の被害者・目撃者になること
○犯罪：誘拐、人質、レイプ、凶悪犯罪の目撃
○死別：大切な人との死別・死に関わること
○離別：大切な人との離別、母性剝奪(はくだつ)
○疾病や外傷：病気や怪我とその治療をうけること
○虐待：身体的虐待、心理的虐待、ネグレクト、性的虐待、大切な人への暴力の目撃
○いじめ：仲間関係のトラブルを含む
○戦争：戦闘、従軍、空襲
○医療トラウマ：がん、大けが、臓器移植・手術

表23-2 トラウマ体験時に生じる反応

身体面	・食欲不振、腹痛、下痢、吐き気、頭痛など ・排泄の失敗、頻尿、夜尿 ・眠れない、怖い夢を見る、朝起きられない ・湿疹、かゆみなど皮膚の症状
情緒面	・一人でいるのを怖がる、大人と離れたがらない ・怒りっぽい、イライラする ・いつもびくびくしている、急に興奮する ・出来事の怖い場面を急に思い出す ・出来事に関連するものや場所を避ける ・出来事のことを話したがらない ・出来事が自分のせいで起きたと自分を責める ・出来事が誰かのせいで起きたと周囲を責める ・無力感・被害感を感じる
行動面	・落ち着きがない、多動、注意集中困難 ・沈黙、無表情、泣くことが出来ない ・赤ちゃん返り、甘えがひどくなる ・トラウマの原因となった出来事に関連した遊びを繰り返す ・以前楽しんでいた活動に興味がなくなる ・ひきこもり、一人で過ごすことが多くなる ・自分を傷つけるような行動、無謀な行動がみられる　など

穏やかに子どものそばに寄り添う
「大変な出来事の後には、このような状態になることがあるけれど自然なことだよ」などど伝える。

不安に対して
　子どもの話（怖い体験や心配や疑問も含む）に耳を傾け、質問や不安には子どもが理解できる言葉で、現在の状況を説明する。
　ただし、子どもの気持ちを根掘り葉掘りきいたり、あまりにも詳細に説明しすぎたりするのは逆効果である。

体の反応に対して
　体の病気はないのに、不安や恐怖を思い出して体の症状（気持ち悪い、おう吐、頭が痛い、お腹が痛い、息苦しいなど）を訴える場合もある。
　体が楽になるように、さすったり、暖めたり、汗をふいたり、リラクセーションを促し、その症状が楽になるようにしてあげる。

叱らないこと
　不安状態である時に、子どもは普段できていたことができなくなったり、間違ってしまったりする。それに対して叱られると、不安が増してしまう。このような状態の時は、子どもが失敗しても「けがはなかった？」「大丈夫だよ」などねぎらいの言葉をかけて、心配していることを伝えればいい。

イベント（行事）について
　体を激しく動かすような課題や、興奮するようなイベントへの参加は、たとえ楽しいことであっても、ストレスや不安を抱えている時には、自分でコントロールできず、はしゃぎすぎてしまったり、無理をして動き回ったあとに熱を出したり、注意力が散漫になってけがをしてしまったりすることもある。

学校でも、家庭でも大切なことであり、学校だより等で家庭に知らせると良い

図23-1　トラウマ反応への対応

出典：文部科学省（2014）『学校における子供の心のケア－サインを見逃さないために－』より引用

をした後に生じる反応と、心のケアについての正しい知識や対応の方法、さらには子どもの様子に不安を感じた際の相談先などの情報が提供されることが必要となる。スクールカウンセラーは、教師に対して研修をしたり、保護者向けに子どものストレス反応やその対応をわかりやすく記した資料を作成・配布したりするなど情報提供役や相談を受ける役を担うことになる。

④ディブリーフィングの問題

　阪神淡路大震災の時は、被災体験を語らせること（ディブリーフィング）がその後の心理的な問題の予防につながると考えられていた。しかし、時期や状況によっては回避を強め、逆効果になると言う専門家も多い。一方で、感情を自分の中にしまい込む対処がその後の回復を阻害する要因であることも指摘されている。現在では、初期の心のケアにとって大切なのは安心と安全の確保であり、子どもが自分から語ることに耳を傾ける対応がよいとされている。

(2) 専門的な心のケアが必要となる時

　心の傷が大きい場合や深い場合は、自然な回復が難しくなることがある。そのような場合は、学校生活や家庭生活に支障が生じ、その後の成長に影響が出る場合があるため、早期に回復の難しさのサインを発見し、専門的なケアにつなぐことが必要になる。

①心的外傷後ストレス障害（PTSD）

　トラウマを体験した後になんらかのトラウマ反応を示すことは当然であるが、日常生活が阻害されるような症状がみられる場合、その持続が1か月以内ならば**急性ストレス障害（ASD）**の診断基準を、また1か月以上ならば**心的外傷後ストレス障害（PTSD）**の診断基準にあてはまることがある。このような場合は自然回復が難しくなり、医療や精神福祉などの専門的なケアが必要となる。

②PTSD以外の症状

　PTSD以外にも、専門的なケアが必要になる症状として、十分に睡眠がとれない状態が続く、不安や恐怖感が強い、多動や注意集中困難が強い、うつ状態が続く、不登校や引きこもり状態が続く、暴力や破壊行為がひどい、自分を傷つける行動や自殺のおそれがある、喫煙・アルコール飲酒やゲームにのめりこむなどがある。これらの症状は、年齢とともに変化していき、またいくつかの症状が併存することもある。

表23-4　PTSDの主な症状

○侵入症状
　　トラウマとなった出来事に関する不快で苦痛な記憶が突然蘇ってきたり、悪夢として反復される。また思い出したときに気持ちが動揺したり、身体生理的反応（動悸や発汗）を伴う。
○回避症状
　　出来事に関して思い出したり考えたりすることを極力避けようとしたり、思い出させる人物、事物、状況や会話を回避する。
○認知や気分の異常
　　否定的な認知、興味や関心の喪失、周囲との疎隔感や孤立感を感じ、陽性の感情（幸福、愛情など）がもてなくなる。
○覚醒や反応性の異常
　　いらいら感、無謀または自己破壊的行動、過剰な警戒心、ちょっとした刺激にもひどくビクッとするような驚愕反応、集中困難、睡眠障害がみられる。

出典：米国精神医学会（2014）『DSM-5精神疾患の診断・統計マニュアル第5版』より抜粋

③早期発見

　特別なケアを必要とする子どもを早期に発見する方法としては、観察、調査票、面接がある。観察は、子どもの行動や生活の変化を感じることができる保護者や教師によってなされるが、心のケアの知識を持たないと本当のダメージは見えにくくなる。調査票は、子ども自身が質問に答えることで現在のストレス状態を把握する方法である。阪神淡路大震災や東日本大震災では、教師が集団に対して実施できるよう作成された調査票が使用された。しかし、小学校低学年の児童は、集団での自記入式の調査票の実施は難しい場合もあるため、個別に実施したり、保護者に答えてもらったりする方法もある。被害が大きい児童生徒、観察や調査票において高いストレス反応が予想された児童生徒にはスクールカウンセラーが個別面接をし、医療などの専門的なケアが必要だと判断された場合は、保護者へのていねいな説明と同意を得て医療を紹介することになる。

2. 中長期における心のケア

　国内外の被災地支援の経験が豊富な高橋哲(たかはしさとし)は、『トラウマとPTSDの心理援助』の中で、災害や事件・事故後に体験するストレスには、心的外傷後ストレス、喪失によるストレス、そして日常生活の変化によるストレスがあると述べている。この三種類のストレスは時間の経過とともに複雑に重層化していくため、心のケアはこの三種類のストレスを視野に入れて、長期にわたってなされる必要があると指摘している。

(1) トラウマストレスへのケア
　トラウマストレスからの回復には個人差があり、当初症状がなくても後に出現することもあれば、一度は治まった症状が、出来事が起こった節目の時期に再燃(さいねん)することがある（**アニバーサリー反応**）。他にも、ストレスを強く感じる体験があったり、環境や人間関係に変化があったりした時にも再燃(さいねん)することがある。周囲の大人はこの反応が異常ではないことを理解し、ていねいな見守りと必要な支援を継続していく必要がある。
　また、高橋は、中長期の心のケアにおいては、子どもが少しずつ体験の記憶と向き合えるように、個々の状態に配慮しながら、表現（話・絵・作文など）をサポートすることが大切であると述べている。自分の中に抱えておくことができるようにサポートすることが大切であると提案している。

(2) 喪失によるストレスへのケア
　大切な人を失った時に心身に現れる様々な変化を**悲嘆反応**(ひたん)と呼ぶ（第14講参照）。子どもは、大切な人との死別を受け入れていくプロセスの中で、抑うつ、怒り、身体化などが起こるが、時間とともに和らいでいくので、周囲の大人は子どもの気持ちに寄り添いながら自然な回復を見守ることが重要である。しかし、とてもショッキングで恐怖を伴うような状況で大切な人を亡くした時には、通常の悲嘆反応だけでなく、PTSDの症状が現れることがあり、その場合

は専門的なケアが必要になる。

(3) 生活上のストレスへのケア

兵庫県（2005）の報告『伝えよう1.17の教訓』によると、震災の恐怖によるストレスは時間の経過とともに減少していくのに対し、住宅環境や経済環境の変化と、家族・友人の変化のストレスは、徐々に増加していく傾向が見られた。このような日常生活の変化によるストレスに対しては、子どものストレスの適切な表現と、ストレス耐性を育む取り組みがこころのケアの重要な役割を果たすと考えられている。

3. 学校でできる心のケア

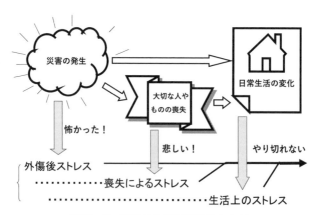

図23-2　災害後の三種類のストレス
出典：高橋哲（2016）『岩手県沿岸南部こころのサポート研修会』資料より引用

兵庫県立大学の冨永良喜(とみながよしき)は、心のケアの本質は、被災者の回復力・自己治癒力を最大限に引き出すセルフケアへの支援であるとし、その理論と方法としてストレスマネジメントを提案している。学校における**ストレスマネジメント教育**では、ストレス反応やトラウマ反応についての正しい知識と対処法を教える

ことで、それが「異常な状態に対する正常な反応であり、自己コントロール可能である」という安心感や自己効力感と具体的な方法を子どもに与えることになる。また、被害がなかった子どもも一緒に学ぶことで、被害があった子どもの心身の反応を理解し、二次的被害を防ぐことにもつながる。さらに、ストレスへの望ましい対処方法のひとつとしてリラクセーションを学ぶことは、被害の直後から中長期にわたり子どもたちを助けることになる。リラクセーションとは、ストレスによって生じた心身の過剰な緊張を軽減・緩和する方法である。呼吸法、漸進性筋弛緩法、肩上げなど様々な方法があるが、いつでも、どこでも一人でできるような方法を身につけておくと、日常生活の中で、子どもが不安や恐怖を感じた時に使うことができる。自分でセルフケアができることは、自己コントロール感や自己効力感を高め、不安を軽減することにつながる。

4. 大人の心のケア

　災害、事件、事故などの危機的な出来事の後は、子どもと同じように、教師や保護者もケアされるべきである。大人の安心安全の確保が、ひいては子どものケアにつながるからである。学校現場に継続して関わるスクールカウンセラーは、保護者や教職員の心のケアと、自分自身の心のケアを怠ってはならない。

＜より深く学びたい人のための参考図書＞
杉村省吾他編著（2009）『トラウマとPTSDの心理援助』金剛出版
望月善次（2015）『被災の町の学校再開』岩手復興書店
白川美也子（2016）『赤ずきんとオオカミのトラウマ・ケア』アスク・ヒューマン・ケア

第24講　キャリア教育

1. キャリアとは

キャリアという言葉を正確な意味を知らなくとも、聞いたことがある人は多いだろう。日常生活の中では、キャリア官僚のように幹部候補生として国家公務員に採用された人のことを指すときや、「あの人はこの仕事のキャリアが長い」というようにある仕事の経験が豊富であるときに使うことがある。そもそもキャリアとはどのような意味だろうか。

キャリアとは元々は「職業」や「経歴」を意味する用語であったが、キャリア教育の中では、職業や仕事だけではなく、人の生涯における様々な役割をも含めることが多い。たとえば、大学生は学校では「学生」という役割が、家庭では「子ども」という役割が、アルバイト先では「従業員」という役割がある。キャリアデザインの専門家である川喜多喬は、キャリアを「個人がその人生を通じてもつ一連の経験」のことであると定義している。

2. キャリア教育とは

我が国において、**キャリア教育**ということばが広まるきっかけとなったのは、1999年に中央教育審議会から出された「初等中等教育と高等教育の接続の改善について（答申）」である。この答申の中でキャリア教育は、「望ましい職業観・勤労観及び職業に関する知識や技能を身に付けさせるとともに、自己の個性を理解し、主体的に進路を選択する能力・態度を育てる教育」と述べられている。

また、その後の2011年に中央教育審議会が発表した「今後の学校におけるキャリア教育・職業教育の在り方について（答申）」では、キャリア教育は「一人一人の社会的・職業的自立に向け、必要な基盤となる能力や態度を育てることを通して、キャリア発達を促す教育」とされている。

　これらのキャリア教育の定義は、少し複雑であるため、キャリア教育の研究者である下村英雄の定義を紹介しよう。下村によると、「キャリア教育とは生涯にわたる自分のキャリアを、自分で考えるようにするための教育である」という。すなわち、キャリア教育は単に進学先や就職先を決めるための教育ではないことがわかる。

　キャリア教育が進学先や就職先を決めるための教育でないことは、1999年の中央教育審議会の答申の中で「小学校段階から発達段階に応じて実施する必要がある」と述べられていることからもうかがえる。実践例としては、小学校以前の幼稚園の段階からのキャリア教育の取り組みもあり、発達段階に応じた工夫がなされている。

3. キャリア教育の担い手

　1999年の中央教育審議会の答申では、「キャリア教育の実施に当たっては家庭・地域と連携し、体験的な学習を重視するとともに、各学校ごとに目標を設定し、教育課程に位置付けて計画的に行う必要がある」とされている。

　つまり、キャリア教育は、校務分掌のひとつとして特定の教員がその担い手となるのではなく、学校の全教員と家庭、地域の人々の協力の中で行われるものである。別の言い方をすれば、キャリア教育は特定の領域に関することではなく、学校教育の機能そのものであると言え、あらゆる教育活動はキャリア教育になりうる。

　たとえば、キャリア教育の研究者である山田智之は中学校の美術の時間を利用したキャリア教育の実践例を紹介している。この実践では、地域の社会人が働いている姿を観察し、絵に描く課題に取り組んでいる。職業や労働に関する

理解を深め、将来の職業生活に対する自覚を促す効果があるとされる。

この他にも、国語の授業の中で、小説の舞台となった社会の背景を調べることや登場人物の職業を調べること、社会の授業の中で、自分の住む地域の暮らしを調べたり、家族や地域の人の話を聞くこともキャリア教育となりうるだろう。

4. キャリア教育の背景

キャリア教育という言葉が中央教育審議会から出されることになった背景には、就職しても数年で仕事を辞める若者（**早期離職者**）や高校・大学卒業後に進学も就職もしていない若者（**若年無業者**）が増えていたこと、**フリーター**志向が若者の間に広まっていたことがある。

これらの問題への解決策としてキャリア教育は導入されたが、導入から約20年が経とうとしている現在でも依然として、早期離職者や若年無業者、フリーター志向は社会問題として取りあげられている。

たとえば、2017年に発表された厚生労働省の調査（『新規学卒就職者の離職状況』）では就職後3年以内の離職率を調べている。この調査によると、大卒者の就職後3年以内の離職率は32.2%、高卒者の離職率は40.8%、中卒者の離職率は67.7%と、いずれも高い数値を示している。

また、2014年の『子ども・若者白書』では、15～34歳の非労働力人口のうち、家事も通学もしていない者である若年無業者について調査を行っている。調査の結果、合計としては60万人でおおむね横ばいであるが、15～34歳の人口の中で占める割合は長期的にみると上昇傾向であると指摘されている。

若年無業者の中には、就労を希望している者がいる一方で、求職活動や就労のための訓練を受けず、就労を希望していない者もいる。このような就学、就労、職業訓練をうけていない若者を**ニート**（Not in education, employment or training；NEET）とよび、特に支援が必要な対象であると考えられている。

フリーターについては、2014年の『子ども・若者白書』で表24-1のように

定義されている。

表24-1　フリーターの定義

・15～34歳で、男性は卒業者、女性は卒業者で未婚の者のうち、
(1) 雇用者のうち勤め先における呼称が「パート」か「アルバイト」である者
(2) 完全失業者のうち探している仕事の形態が「パート・アルバイト」の者
(3) 非労働力人口で家事も通学もしていない「その他」の者のうち、就業内定しておらず、希望する仕事の形態が「パート・アルバイト」の者

出典：内閣府（2014）『子ども・若者白書』より引用

そして、このフリーターの定義にあてはまる者の合計は、182万人前後で大きく増加も減少もしていないが、15歳～34歳人口に占める割合は上昇傾向にあるという。

5. キャリア教育の中で身につけるべき力

2011年に中央教育審議会は「今後の学校におけるキャリア教育・職業教育の在り方について（答申）」の中で、キャリア教育で育成される主要な能力として、**基礎的・汎用的能力**を設定した。

それは、**人間関係形成・社会形成能力、自己理解・自己管理能力、課題対応能力、キャリアプランニング能力**の4つの能力であり、どのような職業や仕事に就こうとも、共通して必要な能力とされる。それぞれの基礎的・汎用的能力の説明を表24-2にまとめている。

人間関係形成・社会形成能力は、社会との関わりの中で生活し仕事をしていく上で基礎となる能力とされている。具体的には他者の個性を理解する力、他者に働きかける力、コミュニケーション・スキル、チームワーク、リーダーシップなどが含まれる。

自己理解・自己管理能力は「やればできる」と考えて行動できる力とされて

おり、具体例としては、自己の役割の理解、前向きに考える力、自己の動機づけ、忍耐力、ストレスマネジメント、主体的行動などが挙げられる。

課題対応能力は、自ら行うべきことに意欲的に取り組む上で必要なものであり、情報の理解・選択・処理、本質の理解、原因の追究、課題発見、計画立案、実行力、評価・改善などが具体例とされる。

キャリアプランニング能力は、社会人・職業人として生活していくために生涯にわたって必要となる能力であるとされる。なお、プランニングは単なる計画の立案や設計だけではなく、それを実行し、修正しながら実現していくことを含む。具体例としては、学ぶこと・働くことの意義や役割の理解、多様性の理解、将来設計、選択、行動と改善が挙げられる。

表24-2 キャリア教育の中で育成される基礎的・汎用的能力

基礎的・汎用的能力	説明
人間関係形成・社会形成能力	多様な他者の考えや立場を理解し、相手の意見を聴いて自分の考えを正確に伝えることができるとともに、自分の置かれている状況を受け止め、役割を果たしつつ他者と協力・協働して社会に参画し、今後の社会を積極的に形成することができる力。
自己理解・自己管理能力	自分が「できること」「意義を感じること」「したいこと」について、社会との相互関係を保ちつつ、今後の自分自身の可能性を含めた肯定的な理解に基づき主体的に行動すると同時に、自らの思考や感情を律し、かつ、今後の成長のために進んで学ぼうとする力。
課題対応能力	仕事をする上での様々な課題を発見・分析し、適切な計画を立ててその課題を処理し、解決することができる力である。
キャリアプランニング能力	「働くこと」の意義を理解し、自らが果たすべき様々な立場や役割との関連を踏まえて「働くこと」を位置付け、多様な生き方に関する様々な情報を適切に取捨選択・活用しながら、自ら主体的に判断してキャリアを形成していく力

出典：中央教育審議会（2011）『今後の学校におけるキャリア教育・職業教育の在り方について（答申）』より作成

6. 自己理解と職業理解

　キャリア教育を通して、基礎的・汎用的能力を身につけると同時に、児童生徒は**自己理解**と**職業理解**を、その発達段階に合わせて行っていく必要がある。1999年の教育中央審議会のキャリア教育の定義で言えば、「自己の個性を理解」に対応するのが自己理解であり、「望ましい職業観・勤労観及び職業に関する知識や技能を身につけさせる」ことに対応するのが職業理解である。自己理解と職業理解は、車の両輪であり、そのどちらも欠かすことができない。

(1) 自己理解
①職場体験・インターンシップ
　キャリア教育では職場体験やインターンシップが実施されることが多いが、その振り返りの中で「働くのは大変だと思った」、「勉強になった」、「すごいと思った」といった感想に留まるのではなく、適切な自己理解につなげる必要がある。たとえば、敬語や立ち振る舞いなどの社会人としてのマナーが自分には足りない、同時に複数の作業をすることは今の自分には苦手である、人と関わる仕事は元気が出るなど、自分の興味や関心、得意・不得意に気づくことは非常に重要である。

　往々にして、職場体験やインターンシップに行くこと自体に力が注がれ、児童生徒にとっても一大イベントとなる。しかし、体験の振り返りに十分な時間をとらなければ、体験からの気づきにはつながらず、職場体験やインターンシップを意義のあるものにすることができない。

②進路に関するテスト
　進路に関する心理テストを実施することも自己理解を深めることにつながるだろう（第20講を参照）。心理テストを利用する際には、結果をそのまま受け入れるのではなく、どのような点は自覚されていて、どのような点は無自覚で新たな気づきにつながったのか、テストの結果として納得できる部分とそうで

ない部分はどのような点なのかについて考えること、話し合うことは有益である。

しかし、心理テストはあくまで自己理解を深めるためのきっかけとして活用するべきであり、集団で心理テストを実施し、単に結果を返却するだけでは、十分な自己理解には結びつかないだろう。

(2) 職業理解

児童生徒は、自分の生活体験の範囲内にある職業しか知らないことが往々にしてある。世の中には自分の知らない職業や仕事があることを知ることは、児童や生徒にとって可能性を広げることになる。

小学生や中学生がなりたい職業として挙げる職業は、スポーツ選手や医師、看護師、薬剤師、弁護士、学校の先生、保育士、幼稚園の先生、警察官など、子どもにとってイメージがしやすい専門職が多い。しかし、知っていると思っていた仕事が、実際はイメージ通りではないことも多い。身近な専門職だけではなく、地域の中にある職業や仕事をイメージできるようになることも、重要である。

加えて、職業理解ではすべての職業や仕事に通じる、「働く」とはどういうことなのか理解を深める必要もある。実際に地域の中で仕事をしている人が、どのような思いを持ちながら働いているのかを知ること、家族から仕事のやりがいや働く上での苦労話などを聞くことも、大きな意味を持つ。

職場体験やインターンシップは、職業・仕事の知識を広げるだけでなく、実際に働くとはどういうことかを知る重要な取り組みである。繰り返しになるが、職場体験やインターンシップの振り返りのための時間を十分にとることが、職業理解を深めるためにも欠かすことができない。

＜より深く学びたい人のための参考文献＞
キャリア教育学会（編）(2008)『キャリア教育概説』東洋館出版社
下村英雄 (2009)『キャリア教育の心理学』東海教育研究所
浦上昌則 (2010)『キャリア教育へのセカンド・オピニオン』北大路書房
児美川孝一郎 (2013)『キャリア教育のウソ』筑摩書房

第25講　保護者に対するカウンセリング

1. 困った親、困っている親

　学校における保護者への対応は年々難しくなってきていると言われている。ここ何年か前に話題になった**モンスターペアレント**ということばを、知っている方も多いだろう。2005年度頃、給食費を払えるにもかかわらず払わない親の問題が大きくマスコミに取りあげられたことから話題になり、教師が対応に苦労する保護者は、モンスターペアレントと名付けられた。
　こうした親が増えてきた背景には、1980年代ごろからの少子化進行に伴い、保護者がわが子に最大の関心を持つようになり、地域社会もまた、理不尽な要求をとりなしてくれるゆとりを失っていったことなどがあげられる。
　しかし、学校が「困った親」であるととらえていることを、多くの親は意識してはいない。ここで大切になるのがモンスターペアレントと呼ばれる保護者は「困っている親」でもあり、「学校に対する理不尽な要求」という形で「助けて」「相談にのって」というサインを出しているということを忘れてはならない。
　保護者へのカウンセリングは、一言でいえば「困った親」をモンスターペアレントとしてとらえるのではなく、「困っている親」として相談にのること、まず何よりも話を聴くことといえるかもしれない。

2. 教師が対応に苦労する保護者の問題

2006年度に全国約5万人の教員に行われた教員勤務実態調査によると、「生徒指導が必要な児童生徒が増えた」「保護者や地域住民への対応が増えた」に、「感じる」(「とても感じる」と「わりと感じる」の合計)と回答した教師が7～8割おり、これらが教員の忙しくなる一つの原因となっていると考えられる(図25−1)。

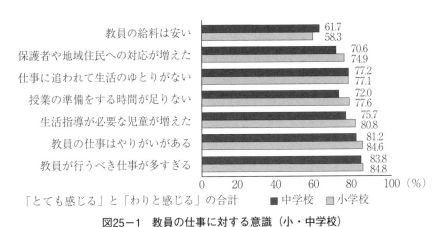

図25−1　教員の仕事に対する意識(小・中学校)

出典：Benesse教育研究開発センター(2006)『平成18年度文部科学省委嘱調査 教員勤務実態調査(小・中学校)報告書』より引用

また同年、教員勤務実態調査の一環として行われた、「保護者意識調査」では、保護者が学校へ行く回数が高くなるにつれ、教師の状況を実際に目にして、教師への理解満足度が高まっている(表25−1)。

表25-1　学校や学校の先生について－学校へ行く頻度－

	1そう思わない〜5そう思う	全体	学校へ行く頻度				
			全くない	年に1回程度	学期に1〜2回	月に1回程度	月に2回以上
学校や学校の先生	1忙しさ	3.05	2.79	2.90	3.03	3.13	3.19
	2難しさ	3.21	3.23	3.11	3.18	3.31	3.24
	3信頼感	3.23	2.87	2.97	3.18	3.37	3.39
	4期待感	3.30	3.05	3.04	3.25	3.44	3.47
	5能力への評価	3.19	2.97	2.96	3.15	3.31	3.32
	6満足感	3.10	2.92	2.88	3.05	3.25	3.20
	7充分さ（人員）	2.24	2.10	2.15	2.25	2.26	2.17
	8充分さ（設備）	2.56	2.93	2.54	2.57	2.58	2.44

出典：リクルートマネージメントソリューションズ（2007）『平成18年度文部科学省委嘱調査　保護者意識調査報告書』より引用

3．保護者と関わり続けることの大切さ

　保護者意識調査からもわかるように、困った親として避けるのではなく、保護者とまずは関わっていくこと、関わりを持ち続けられるよう働きかけることが大切である。

　教員勤務実態調査のデータからわかるように、教師は業務で非常に忙しい。しかし、その中で、困っている親に学校に来てもらい、2週間に1回、もしくは1ヶ月に1回、30分でも話を聴く機会を設けることは大事である。直接会い、じっくり話を聴いてもらうことで、保護者のもつ不安が解消される。その時、教師とは異なった視点から関われる存在として、スクールカウンセラーを活用する方法もある。そこから教師と保護者の関係の改善、さらには子どもの状況の改善につながることが多くある。

4. 保護者へのカウンセリング

　保護者へのカウンセリングは、学校という場において、三つの機能を必要とする。**コンサルテーション**（他者の問題、この場合は子どもの問題について相談すること）（第21講参照）、カウンセリング（悩める問題を自らのものとすることへの相談）、そして相談の窓口としての機能である。
　ここでは、一つの事例を追いながら、関わり続ける方法の一つとして、保護者へのカウンセリングについての解説をする。（事例は、プライバシー保護のため、一部修正、変更してある。）

●小学校高学年から不登校であったA君（中1）
　A君（中1）は小学校高学年から不登校が始まり、小学校卒業時はまったく登校できない状態であった。小学校から中学校への引き継ぎでは、「母親が、クラスメートとの関係や担任の関わりについて、細かなことまで訴えてくる」とあった。具体的な例としては、友達とのトラブルに関して「学校は何も見てくれていない」と涙ながらに話し、早急な席替えやグループ活動への担任の配慮を求めた。

（1）　コンサルテーション

　母親の要求に応じた形での最初の面接では「A君の様子はいかがですか」と尋ねるところから始まり、学校での様子について本人が家庭でどのように話しているのか、それについての家族のとらえ方、家庭での普段の様子、母親とのやりとりなどをていねいに聴いた。
　A君は、入学当初は気持ちを新たにして登校することができていた。そこで、本人の登校が継続できるようにサポートしていくことを目的に、2週間に1回、母親とのカウンセリングを継続していくことになった。

<解説>
　コンサルテーションは、保護者へのカウンセリングの本来的な機能である。子どもを育てる学校という場において、子どもの問題について相談しましょうというスタンスに立って保護者と向き合いたい。保護者にとっては、学校へ来るということは多くの場合緊張しており、「親が悪いと責められるのではないだろうか」などと身構えてしまうことも少なくない。
　「お子さんの様子はいかがですか」と声かけするところから始まり、学校での様子についての保護者のとらえ方、家庭での子どもの様子、それに対する保護者の対応など、子どものその時の状態をていねいに聴きとっていくようにする。子どもに対してどのように接すればよいのか、子どもに起きている問題を共に客観的に検討し、今後、家庭や学校での援助のあり方について話し合っていく。
　保護者はその対象となる子どもを最もよく知っている身近な大人として、カウンセラーは心理の専門家として、向かい合う。対等に迎えられることで、子どもへの対応についても罪悪感にはとらわれにくく、保護者の持っているポジティブな面が活かされやすくなる。

(2)　カウンセリング
　A君は、5月の連休までは毎日のように登校できていた。しかし、学校では明るい表情でふるまっているものの、とても緊張している様子とのことであった。
　母親との面接を重ねていくうち、不登校が始まった頃のことも話され、母子でとても大変な思いをしてきたことがわかった。毎晩のように、本人が延々と悩みを語り、「死にたい」と口にし、親子で何日も眠れない夜を過ごしたという。本人が語る悩みには学校の友達のことなどが多くあり、母親はそれらの問題を解決すれば登校できると考え、小学校にはそのまま伝えていた。これについて、A君が当時はかなり大変な状態にあったこと、それでもここまで回復してきた（入学当初、登校できた）のは、母親がよりそってきたからであること

を心から労（ねぎら）った。

<解説>
　学校場面で問題が大きく現われていない場合でも、家庭での対応に悩み、相談に来る場合も少なくない。特に、小学校低学年以下の場合は、爪かみ、脱毛・抜毛（ばつもう）、ぐずり、夜泣き、お漏（も）らし（おねしょも含む）などといった、さまざまな子どもの表れへの対応に悩んで相談に来るケースも多い。

　こうした子どもや家庭のネガティブな面について、保護者が悩み、語りだす時はカウンセリングが必要である。まずは保護者自身が置かれている状況、感じている子育てや日常の対応の大変さに共感し、聴いていくことが大切である。

　A君のケースも、不登校の状態がひどい時には、母子でとても大変な思いをしてきた。しかし、小学校の時は非常に困っていることを理解されないままであったから、母親がとり乱してしまったのも無理もないことであった。まずはしっかりと保護者の話を聴き、「理解してもらえている」という実感を持ってもらえるような信頼関係をつくることは大切である。

　その上で共に客観的にふり返ることで、具体的なアドバイスを考えられる選択肢として提供できるとよいだろう。

(3) 相談の窓口
　さらにカウンセリングを重ねるうちに、もう一つ母親から語られたのは、父親が母子で苦しんでいる様子を見ていて、いくら説明してもまったく理解しようとせず、逆に母親を責めていたことであった。父親は子どもたちが小さいときから子育てに関わることがなく、怒ると母親をひどい言葉で罵（ののし）り暴力をふるうこともあったという。母親は責められると「自分が何とかしなくては」と焦っていたとも話された。スクールカウンセラーからは、母親には、母親自身のカウンセリングのために、女性相談などに行くと良いというアドバイスが

あった。そのため、カウンセラーにつないで母親に伝えてもらうこととなった。母親はカウンセラーとの2回のカウンセリングの後、外部の機関に定期的に通うことになった。

　A君は6月初めには教室に登校できなくなったが、担任とのつながりは続いた。母親は再び登校させようと焦ることなく、登校できずに自宅にいるときは、家事の手伝いをさせて、買い物など、いっしょに気分転換をはかることもできるようになった。

　その結果、夏休み前には別室登校につながり、不登校の期間が長く続くことはなかった。その後担任に教室へまた復帰したいと話すようになり、別室担当の相談員にも「どうしたら教室へ行けるか」と自分から相談するようになった。A君は徐々に登校が安定していき、別室には毎日通えるようになっていった。

＜解説＞

　保護者が子どものことではなく自分自身や夫婦の関係に悩み、相談に入るケースもある。大切なのはともかく、一度は話を聴くことである。なぜなら保護者の安定は家庭の安定につながり、子どもの安定にもつながっていくからである。

　世間話や愚痴(ぐち)などを友人には話しても、「家庭の中のことだから」「夫婦の問題だから」といって悩みの肝心な部分は話せないことも多い。誰かに相談してみようと思うことそのものが解決につながっていくことも少なくない。保護者が相談されたい内容をよく聴いた上で、適切な外部機関、相談できる機関を紹介することも必要となってくる。

　A君のケースでは、母親とのカウンセリングを重ねる中で、保護者自身が振り返り、家庭の中の問題点が明確になり、結果的にA君の不登校の改善にもつながっていった。

5. 保護者への対応と多職種による支援体制づくり

　保護者とのカウンセリングをスムーズに行い、その効果が発揮されるためには、教師と相談員、スクールカウンセラー、スクールソーシャルワーカーや子どもと家庭に関わる関係機関といった多職種同士の関係づくりが重要である。

　具体的には、情報交換やケース検討の場の設定が必要となってくる。学校からは子どもの観察、学校での様子、家庭での様子などの情報の提供がある。そして、家庭に関わる関係機関などからは、家庭を取り巻く状況に関する情報の提供があり、それらの情報を収集、交換し合い、その子どもの置かれている状況を立体的に浮かび上がらせていく。これは、本人や保護者と対峙するだけではわからないものである。さまざまな視点からの子どもについての情報を聞き、お互いに伝え合う場があることがカウンセリングを支えているのである。

　学校内では、各学年の担当教師、教育相談・特別支援関連の教師、教育相談員や特別支援員を集めた、週に1回の定期的な援助チーム会議や、場合によっては、外部の支援機関も含めた多職種によるケース検討会などが行えるとよい。そして、こうした会議の場だけにとどまらず、カウンセリングを行っているケースや情報交換の場であがった生徒について、担任や関係している職員、関係機関同士が、折に触れ、直接話をしておくことは大切である。短時間の立ち話のような形や電話でのやり取りでもよい。ただし、個人情報になるので十分に配慮することはいうまでもない。

　A君のケースでも、本人に対して実際に働きかけたのは、担任や別室担当の相談員であった。その存在なくしては、A君の登校は安定していかなかっただろう。さらには保護者との面接に臨むにあたってもカウンセラーなどの多面的な見方を持つことが、家庭の根本的な問題を改善していく方向につながったと言える。その多面的な見方は、学校内部の支援体制としての援助チーム会議や外部機関も含む**多職種との連携**により得られたものであった。

　「困った親」だと感じた時ほどオープンに、周囲の教師や多職種、他機関の協力を得ていくことが、スムーズな対応への近道と言える。

＜より深く学びたい人のための参考図書＞
國分康孝・國分久子監修（2003）『育てるカウンセリングによる教室課題対応全書10保護者との対応』図書文化
村山正治・滝口俊子編（2007）『事例に学ぶスクールカウンセリングの実際』創元社
中央教育審議会(2015)『チーム学校としての学校の在り方と今後の改善方策について』(答申)
高木展郎・三浦修一・白井達夫（2015）『チーム学校を創る』三省堂

第26講　子どもに対するカウンセリング

1. 子どもの相談内容

　4月、配属された学校に初めて行くと、カウンセリングルームはワイワイと集団で子どもたちがやってきて、たいへんにぎやかな状況になる。一見、にぎやかに騒いでいるだけに見えるが、ここで子どもたちは新しいカウンセラーが自分の悩みを話せる人かどうかについて「値踏み」をしていることがある。「この人は本当に自分の話を真剣に聞いてくれるのだろうか」、「私の問題を一緒に解決してくれる力を持っているのか」、子どもたちはそのようなことをはっきりと意識はしていないもののカウンセラーを見ているのである。子どもも大人も誰しも自分のことを相談する前にその相手が「この人は自分の悩みを話せる人かどうか」について考えるだろう。ここで「なんとなく話せる人かな……」と思ってもらえると、子どもたちは相談室に本当の相談にやってくる。
　2016年に発刊された文部科学省の『平成27年度スクールカウンセラー等活用事業実践活動事例集』では、各都道府県の活動状況について示している。例えば、静岡県でのスクールカウンセラー等の相談・助言件数は、児童生徒の相談が小学校で14,489件、中学校では15,267件、保護者の相談が小学校で13,378件、中学校では11,626件、教職員への助言は23,743件、中学校では20,824件であった。相談・助言内容では、児童生徒の相談では、小学校で多かったのが学習・進路（20%）、友人関係（19%）、家族関係（16%）であった。中学校でも同様に、学習・進路（19%）、友人関係（18%）、家族関係（16%）であった。このことから子どもたちが相談したいときに、担任の先生や養護教諭などはもちろんのこと、スクールカウンセラーやスクールソーシャルワーカーなども身近な

相談相手となってきていることがわかる。

2. 対応方法

(1) 個別カウンセリング

　相談室と呼ばれる部屋が校内に設置されており、スクールカウンセラーは主にそこでカウンセリングを行う（図26−1）。カウンセラーや学校の実情によってやり方は異なるが、多くの場合、昼休みや授業の合間の休み時間は子どもたちが自由に相談室に来て簡単なおしゃべりをすることが中心になる。そのため、個別でじっくり話を聞くのは主に放課後となる。また、授業時間は保健室登校の子どものカウンセリングや不登校の子どもの家庭訪問などを行っている。

（注：学校によって広さやレイアウトなどは異なる）

図26−1　ある中学校の相談室

中学生になると困ったことに対して自分なりにいろいろ考え、自分で対処しようとする。自分でうまくいかなければ友だちに相談したり、その子なりに解決を試みようとする。しかし、その子の抱えている問題が大人でも対処するのがむずかしいくらい深刻であったり、その問題の性質上、親や友だち、先生にはかえって言えないという場合もある。なかには「生まれてはじめてこのことを人に話せた」とぽつりと話す子どももいる。

　また、友人関係の悩みを相談しに来たある子どもは、「AちゃんとBちゃんがメールでCちゃんがむかつくとか言っておきながら、BちゃんはCちゃんと一緒に休日、遊んでいる。だから友だちなんて信じられない。」と話してきた。そこで、「ちょっと紙に書いて友だち関係を整理してみない？」と聞いて、子どもの話を聞きながら状況を整理していくこともある。客観的に整理された人間関係図を見ると、「あれれ？」とその子なりの気づきが出てくることもある。いずれにしても、スクールカウンセラーは、第三者という中立的な立場でその子どもの感情や考えをていねいに聴いていきながらその子が置かれている状況や気持ちを一緒に整理していくのである。

　さらに、相談に来た子どもの中にはことばで自分の気持ちや考えを上手に伝えられない子もいる。たとえば、カッとなるとそのまま怒りを人や物にぶつける、いわゆるキレる子や自傷行為をする子どもたちは、内面にある怒りなどの感情をことばにして表現したり整理することが苦手なためにそのような行動をとってしまうと言われている。そのときは、彼らがつたなく話すことばの断片を面接の中で紡いでいく作業をしていくのである。

　このようにスクールカウンセラーは学校という子どもたちにとって日常の場の中で、心理という視点から悩み多き思春期の子どもたちが成長していこうとする姿を根気強く見守り、支えていくのである。

(2) グループカウンセリング

　スクールカウンセラーは個別的なカウンセリングはもちろんのこと、教室という「場」を活用したグループによるカウンセリングにも力を入れる必要があ

る。というのは、週1回という限られた時間の中で個別にカウンセリングをできる子どもの数には限界があるからである。そのため、子どもたちが本来持っている力を引き出し、より予防的にはたらきかけるアプローチを担任教師と協働して展開することが重要なのである。特に2013年にいじめ防止対策推進法が施行され、いじめ予防においても、教師だけでなく、スクールカウンセラーやスクールソーシャルワーカーが積極的に関わるように求められている。

近年、教室でできるさまざまな心理教育プログラムが紹介されてきている。ここではその代表的なプログラムについてふれるが詳細は第22講や講末にある参考文献を活用してほしい。

①構成的グループエンカウンター

カウンセリング研究者の国分康孝は、ホンネとホンネの交流や感情交流ができるような体験をグループ活動を通して行う**構成的グループエンカウンター**を提唱している。このプログラムで行われる活動の主なねらいには、自己理解、他者理解、自己受容、自己主張、信頼体験、感受性の促進などがある。攻撃的な生徒や人見知りして打ちとけない生徒など、さまざまな生徒に対して、時期などもふまえながら実施していく。

②ストレスマネジメント教育

鹿児島大学の山中寛によると、ストレスマネジメントはストレスを阻止・軽減するための対策を身につけることであると述べている。この**ストレスマネジメント教育**は「予防」としての意義があると指摘されている。このプログラムは、三段階に分かれている。第一段階は環境調整によってストレスの源である刺激を制限し、第二段階は個人の認知的評価に関するマネジメントを行う。たとえば、「教師だから〜でなければならない」といった受けとめ方や考え方を見つけ、それを変えていくようにする。第三段階では、ストレスに対処する方法の獲得や修正を目的としたマネジメントを行う。このプログラムは保健室や部活動といったさまざまな場所で実践されている。

3. 相談活動の実際

(1) 子どもや教師へのメッセージ

　問題が悪化する前に気軽に子どもや保護者が相談できるように、さらに「相談してみようかな」と思ってもらうために児童生徒向け、保護者向け、教師向けのお便りを作成することもある。

　児童生徒向けの最初のお便りには、スクールカウンセラーの紹介、そして相談内容、相談の仕方などを載せておくことが多い。さらに定期的にお便りを発行していき、学校での日常に触れながら思春期の心理、性格、ストレス、イライラした時の対処法についてなど心理学に関する知識をわかりやすく解説したりする。そして、お便りの最後には毎回、さりげなく相談方法を入れておく。このお便りにはそれぞれのスクールカウンセラーの持ち味や経験が生かされていることが多く、生徒が興味を引くように工夫されている。また様々な知識や対処方法などを伝えていくことは問題行動への予防的な側面を持ち合わせている。このお便りが教室で配布され、子どもたちは初めてスクールカウンセラーの存在を知ったり、お便りをきっかけに相談までは行かなくてもスクールカウンセラーに興味を持って昼休みなどに相談室に訪れたりするようになる。短い時間ではあるが子どもと話をしていくなかで、「もっと話をするにはどうしたらいいの？」となり、個別カウンセリングにつながることもある。

　また、保護者へのお便りもPTAの広報誌なども活用し、スクールカウンセラーの紹介、そして相談内容、相談の仕方、さらに思春期の心理や保護者の関わり方などをコラムとして載せたりするなど様々な方法がある。やはりこうしたお便りを通してスクールカウンセラーの存在を知り、相談が持ち込まれることも多い。さらにPTA講演会などの場所で保護者に話をする依頼などのきっかけになったりする。

　忘れてならないのが教師へのお便りである。趣味などの自己紹介やこれまでの臨床経験などを含めた自分のスタイル、そして相談内容や相談の仕方など、教師へのメッセージとして入れておくと、後々、教師との接点が持ちやすくな

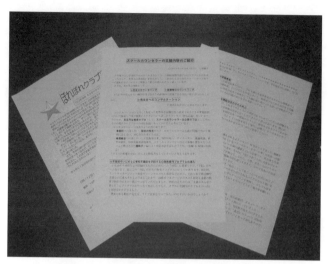

図26−2　教師向け・児童生徒向けのお便り

る。また、「スクールカウンセラーってこんな人なんだね」とスクールカウンセラーの人柄を理解する資料にもなるため教師にとってもよいようである。さらに、定期的なお便りの中で、教師が子どもたちに援助していくなかで役立つような知識などを紹介していく。ユーモアを交えながらわかりやすく、かつ簡潔に紹介すると教師にとても喜ばれる。

＜より深く学びたい人のための参考図書＞
熊倉伸宏（2009）『面接法』新興医学出版社
渡辺弥生・小林朋子（2009）『10代を育てるソーシャルスキル教育』北樹出版

第27講　保健室での心理臨床活動

　児童生徒が**保健室**へ来室する理由は「けがをした」、「体調がすぐれない」といった体のケアを求めるものばかりではない。「話を聴いてほしい」、「静かな場所で落ち着きたい」、「特に理由はないけれど来た」など、心のケアを求めて来室するケースも多い。また体調不良や繰り返すけがの背景に不安や悩みを抱えているということも少なくない。こうした状況を受け、子どもたちの心と体の問題への対応として、**養護教諭**が保健室で行う心理臨床活動がますます重要となっている。

1. 養護教諭の役割

　養護教諭は学校教育法第37条で「児童（生徒）の養護をつかさどる」教員と定められている。
　養護教諭の役割は、けがの手当てや心の問題への対応を含む保健室経営、健康診断の計画と実施、学校の衛生管理、疾病予防のための保健指導など学校保健全般に渡り、幅広い。とりわけ、子どもたちが抱える心の問題への対応は大きな課題となっている。2016年に日本学校保健会が養護教諭を対象に行った調査結果をまとめた『保健室利用状況に関する調査報告書』によると保健室利用の理由として、「先生と話をしたい」、「なんとなく」といった項目での来室がみられる（表27-1）。さらに来室した児童生徒に背景要因があった場合、「主に心に関する問題」があったとされる回答が多い（図27-1）。「頭がいたい」、「お腹がいたい」などの様々な訴えをもって保健室に来室する子どもたちに対して、養護教諭は常に心の問題はないかということを頭に入れて対応することが必要とされている。また、養護教諭は担任やその他の教師、スクールカウン

セラー、保護者と協力し、チームとなって子どもたちが抱える心の問題の解決を目指している。

表27-1　保健室利用者の来室理由（学校種別）

単位：%

	小学校	中学校	高等学校
けがの手当て	35.7	16.8	12.3
体調が悪い（頭痛、腹痛、気もちが悪いなど）	12.9	21.8	25.7
熱を測りたい	2.0	3.5	4.6
休養したい	0.5	1.5	3.5
困ったことがあるので先生に相談したい	1.0	1.7	2.1
先生と話をしたい	2.1	4.2	4.2
なんとなく	3.7	8.5	5.4

出典：日本学校保健会（2016）『保健室利用状況に関する調査報告書』より引用

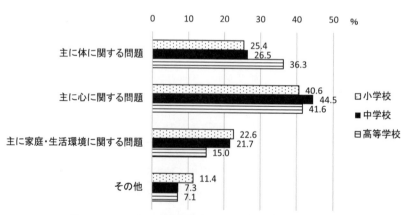

図27-1　来室した児童生徒の主な背景要因（学校種別）
出典：日本学校保健会（2016）『保健室利用状況に関する調査報告書』より引用

2. 養護教諭が行う心理臨床活動

保健室での心理臨床活動は図27-2のように気づき、アセスメント、自己解決（課題解決）に向けた支援の大きく三つに分けられる。それらの三つのプロセスには、いくつかの具体的な活動が含まれる。

図27-2　保健室での心理臨床活動

気づきでは、心の問題を抱え、支援を必要とする子どもを見出すために**健康観察**と**情報収集**を行う。アセスメントでは、支援を必要とする子どもはどのような課題を抱えており、いかなる支援を求めているのかをとらえる「訴えの背景にある問題の分析と対応の判断」を行う。自己解決（課題解決）に向けた支援については課題により対応は様々であるが、例えば「子どもの訴えの受容」、「リラックスにつながる手当て」、「他の職員との連携」といった活動が含まれる。ここからは、具体的な活動の内容をさらに詳しく述べていく。

(1) 健康観察・情報収集

保健室は子どもたちの健康に関する情報が集まる場所である。養護教諭は保健室で得られる情報をもとに個別の対応が必要な子どもを見出していく。たと

えば、各クラスから提出される健康観察の記録からは欠席が続いていないか、身体の不調で気になるものはないかなどの情報を得ることができる。身体の不調や長期の欠席などは、ときに子どもたちが抱える心の問題に気づくサインとなる。

　また、子どもたちが保健室でみせる様子も重要である。子どもたちの表情（目線が下がるといった暗い顔をしていないか）、訴え（どんな理由で来室したのか）、行動（落ち着かない、だるそうにソファーにもたれかかるなど変わった様子はないか）、身体や衣服の状態（あざや衣服の汚れがないか）、あるいは保健室に来室する頻度といった情報から養護教諭は支援が必要な子どもたちを発見していく。

(2) 訴えの背景にある問題の分析と対応の判断

　養護教諭は子どもたちが発するサインや訴えの背景にどのような問題があるかを見極め、いかに対応すべきかを判断する。本人からの訴え、身体の異常の有無（医療を要するような疾病はないか）、性格や勉強への意欲といった本人に関する情報や、友人関係、家庭環境、生活環境など子どもをとりまく情報はその子どもをより深く理解する上で重要となる。「頭がいたい」、「だるい」、「……（何も言わず来室する）」といった子どもたちの訴えの背景に何があるのかを様々な視点から考え、予想を立てながら判断し、支援に移していく。

　保健室を拠点としながら学校全体を幅広く見渡し、特に虐待や自傷行為など、命に関わる問題は早急な対応が必要となる。子どもたちの心身の異変に気づくことができる養護教諭は虐待などの問題を発見しやすい立場にある。また、子どもたちに何が起こっているのか、どのような支援をすべきなのかなどについて的確に判断する視点が養護教諭には必要なのである。

(3) 子どもの訴えの受容

　子どもの話を聴き、訴えをていねいに受け止めることは、何を求めて保健室へやってきたのかを判断する材料になるだけではない。「自分を受け入れてく

れた」という子どもたちの安心感にもつながる。それによって、子どもたちは抱えている不安や悩みを養護教諭に伝えられたり、身体の症状を和らげることで気分転換をして、教室の活動に戻ることができる。

　また、興奮していたり、自分の状態を言葉で言い表すことができないケースもある。そのような時、養護教諭とのやりとりが「自分が今どのような気持ちなのか」について子ども自身が気づく助けとなる。「どうしていいかわからなくて困っているのかな」、「仲直りをしたいと思っていてもなかなか謝れないのは、辛いよね」といった子どもの気持ちを代弁したり、出来事やその時に感じたことを一緒に整理したりするなかで、子どもたちは「今、自分はこういう理由でこんな気持ちなんだ」と自分の心を理解することができる。

(4) リラックスにつながる手当て

　ひたいに手を当てて熱を確認したり、背中をさすって痛みを和らげたりなど養護教諭は子どもの身体に触れる対応（**タッチング**）を日常的に行っている。養護教諭が行うタッチングは子どもの安心感と「どんな自分でもここでは受けとめてくれる」という肯定的な感情を引き出すことができる。こうした感情が子どもに生まれると、養護教諭との信頼関係が深まり、子どもが気持ちを出しやすくなる。また、痛みがあるときに背中をさすられると少し楽になるように、心身の苦痛を和らげるにもタッチングは有効である。

　他にリラックスにつながる手当てとしては、たとえば「ゆたんぽであたためる」、「柔らかい毛布や膝掛けをかける」などの手立てがある。

(5) 他の職員との連携

　養護教諭ひとりで子ども達が抱える課題を解決できるケースはほとんどない。担任、部活の顧問、管理職、スクールカウンセラー、その他の教職員といかにつながり、チームとして取り組むことができるのかは、保健室での心理臨床活動の要となるだろう。授業中の様子や、休み時間の過ごし方、部活で見せる顔など、様々な立場の教職員からの情報は心の問題を抱える子どもたちの支

援において重要であり、さらに実際に支援を行う上で役割分担をし、校内で連携することは不可欠である。養護教諭は教職員と密に情報や意見を交換し、足並みを揃えて対応を行わなければならない。

校内における心の問題の専門家としては、スクールカウンセラーの存在がある。スクールカウンセラーは専門的な立場から子どもたちの相談にのり、課題を解消するためのアドバイスを相談者へ与えてくれる。また、課題を抱える子どもだけではなく、保護者や支援に携わる教職員の相談にも対応できる。長期間の不登校や子どもの命に関わるような深刻なケースはもちろん、子ども達が毎日の学校生活をより楽しく過ごすためにスクールカウンセラーと積極的に連携を図ることは大切である。

教職員がチームとなって連携し、共通の理解と目標を持って一貫した支援を行うことは子どもたちの心の問題を的確に捉え、解消する大きな力となる。養護教諭はチームの一員として保健室での活動を充実させ、ときには様々な立場の人々をつなげるコーディネーターとしての役割を果たしている。

3. 保健室の環境

子どもたちが心の拠り所として安心して保健室を利用するためには、そこにいるだけであたたかい雰囲気に包まれるような環境でなくてはならない。保健室内のレイアウトは広さや使い勝手によって様々であるが、救急処置などのスペースとは別に、相談スペースを設ければ子どもたちの話をじっくりと聴く環境ができる。保健室に相談スペースをつくるときに配慮すべき点としては主に以下の2点があげられる。

・プライバシーが守られている空間であること
・子どもがゆったりとくつろぐことができる環境であること

保健室に設けられている実際の相談スペースを図27−3に示した。相談時はつい立で区切ることができるようになっている。また、来室した子どもが心と身体を休めることができる環境となるよう、ソファーにぬいぐるみを置くなど

第27講
保健室での心理臨床活動

居心地の良い雰囲気がつくられている。こうした相談スペースがあると、その場所に移動するだけで「あなたの話を聴く準備ができたよ」と子どもへ間接的に伝えることができ、また子どもが相談スペースへ自ら入っていけば「何か話したいことがあるのかな、それとも少し休憩したいのかな」と言葉がなくても一つのサインとして受け止めることができる。

その他に、子どもが自由に自分の気持ちや感じたことを書き込める落書き帳など子どもが思いを表現できるツールを置いている相談スペースもある。

図27-3　保健室に設けられている相談スペース

4. 教職員のメンタルヘルスケア

保健室での心理臨床活動は児童生徒を対象としたケアだけではない。『保健室利用状況に関する調査報告書』において教職員の保健室利用状況を調査した結果が表27-2である。どの校種においても教職員の保健室利用が高い数値を示している。同報告書によると教職員が保健室利用する理由として「情報交換」の他に「教職員自身の体の問題についての相談」や、「教職員自身の心の問題についての相談」もあげられている。

　子どもたちへの指導、保護者への対応、長時間の超過勤務をせざるを得ない状況、個人で抱える問題など、教職員の心身の不調も保健室には多く持ち込まれる。保健室を中核とした教職員へのケアは近年ますます重要になっている。

　保健室の環境づくりでは、教職員のためにも保健室があるということを積極的に発信する。子どもだけではなく教職員も利用していい場所であることを掲示し（図27-4）、入口のドアを開けておくだけでも保健室へ気軽に来室できる雰囲気づくりができる。

　課題解決の進め方は児童生徒を対象としたものと同じだが、その教職員の状況、課題の背景の把握は健康診断や健康観察の結果だけではなく、日常のなにげない会話から気づくこともある。日頃の関わりから「いつもと違う」、「なんだか元気がないな」といったさりげないサインも気づけるように、養護教諭は教職員の様子にも気を配らなくてはならない。

　また、職場でチームとなって対象者を支えていかなくてはならないケースもある。教職員の労働環境・健康状態が議題に含まれる衛生委員会等が設置され

表27-2　教職員の保健室利用（学校種別）

%

小学校	中学校	高等学校
86.3	89.9	97.7

出典：日本学校保健会（2016）『保健室利用状況に関する調査報告書』より引用

図27-4　保健室入口の掲示

ている学校では、委員会で情報共有をして支援の方針を固めていく。教職員のメンタルヘルスケアに関して、養護教諭は委員会の中でコーディネーターとしてチーム支援を促し、必要時には関係機関と連携をとる窓口となる役割を担う。

＜より深く学びたい人のための参考文献＞
大谷尚子・森田光子編著（2000）『養護教諭の行う健康相談活動』東山書房
三木とみ子編著（2009）『四訂　養護概説』ぎょうせい
文部科学省（2017）『現代的健康課題を抱える子供たちへの支援～養護教諭の役割を中心として～』

第28講　外部機関との連携

1. 外部機関の種類

(1) 児童相談所

児童相談所は、児童福祉法第15条に基づき、都道府県と指定都市に設置が義務づけられた児童福祉行政の中枢専門機関である。2017年現在、全国に210ヶ所設置されており、ケースワーカー（児童福祉司、相談員）、臨床心理士、医師（精神科、小児科）、保育士、児童指導員などの専門職員がいる。18歳までが対象になるが、不登校、発達障害、虐待、非行の問題など、実に幅広い領域を扱っている。多職種のスタッフがいて、グループ療法、個別的な相談、そして療育手帳や特別児童扶養手当の申請といった、現実的かつ経済的な問題への援助もしている。また、状況によって、子どもの一時保護も行っている。

なお、医師はたいていの場合は非常勤としての勤務であり、主に公的制度を利用するための証明書となる診断書を作成する仕事をしている。したがって、医師の診察を受けることを目的に連携するには適していない。

(2) 精神保健福祉センター

精神保健福祉センターは、法律によって「都道府県における精神保健に関する総合的技術センター」として、次の6つの業務を行う機関とされている。

　①技術指導・援助

　　保健所、病院、学校、企業など、関係機関に対して、専門的立場から指導・援助を行う。また、行政機関に対しても意見や考えを述べたりする。

②教育研修
　　保健師をはじめ関係職員に対して研修を行い、その技術的水準の向上を図る。
③広報普及
　　地域住民に対する精神保健知識の普及啓発を行う。
④調査研究
　　業務遂行に必要な、精神保健上の問題を調査研究するとともに、精神保健に関する統計や資料を収集する。
⑤精神保健相談
　　保健所ならびに関係機関が取り扱った事例のうち、複雑困難なものについて相談・指導を行う。
⑥協力組織の育成
　　精神障害者家族会をはじめ、断酒会やボランティアなど、地域住民による組織の育成・指導を行う。

　児童相談所と同じような相談にも応じてくれるが、特に精神科医による診察も行われている点に大きな違いがある。精神科医の診察を受ければ、薬物療法を受けることも可能である。なお、児童相談所とは異なり、年齢制限はない。

(3) 精神科や心療内科などの医療機関

　医療機関の規模によって、入院施設がある病院と外来診療のみの病院がある。入院施設のある病院であれば、緊急性が高い場合、夜間であっても当直医が対応してくれるので安心である。一方、外来のみの病院は、診療所あるいはクリニックという名称であることが多く、完全予約制であることがほとんどである。そのため、場合によっては受診までに数週間待たなければならないこともある。しかし、地域に根ざした医療を展開しているところが多く、気軽に診察を受けられる雰囲気があるのが特徴である。

(4) カウンセリング機関

経済的に問題がなく、悩みをじっくり話しあうことで問題が解決していくと思われる場合、**カウンセリング機関**も有用な連携機関になる。基本的にスタッフは臨床心理士のみであり、健康保険が利用できないので、最低でも1回50分〜60分で3,000円以上の料金がかかる。都心部では10,000円を超えるところも珍しくない。精神科などの医療機関は敷居が高く抵抗感があるが、カウンセリングなら受けてもよいという場合があるので、まずは専門的な視点をもった臨床心理士を利用し、専門的な見立てをしてもらうとよいだろう。

また、学校では先生や友人の目が気になってスクールカウンセラーに会うことにためらいがあるが、外部の機関ならその点の不安が軽くなるという子どももいる。さらに、問題が長期化しそうな場合、スクールカウンセラーや教師に比べて、期限なしに納得いくまで相談に乗ってもらえるという利点がある。

(5) その他

各都道府県の地方福祉事務所、各市の福祉事務所、保健所、市町村教育委員会が設置する教育相談室や適応指導教室なども利用できる。また、虐待や深刻な家庭内暴力（ドメスティック・バイオレンス；DV）への援助をしてくれる専門機関として、被害者支援センター、警察の生活安全課や各婦人相談所などがある。警察に相談するとすぐに刑事事件として扱われてしまうのではないかと不安に思う人が多いが、生活安全課に相談をしても、それが事件として訴えられることはない。虐待やDVの当事者たちは、生命の危険にさらされながらも、複雑な心理的要因が絡んで、なかなか自発的に援助を求めようとしないことがある。そのため問題を発見したら、適切な情報を提供し、紹介をすることが大切である。

上記の心理的な相談とは別に、経済的な問題が絡む相談をされることがまれにある。その場合は、弁護士にアドバイスを求めることが役に立つ。弁護士は有料でとてもお金が払えないと思っている人も多いが、各市町村で無料の弁護士相談を行っていることが多いので利用するようにすすめるとよい。

2. 見立ての重要性

　当然のことながら、外部機関との連携をする場合、重要になるのは見立てである。見立てがきちんとできていなければ紹介先を決めることができない上に、紹介された側も何を求められての紹介なのかわからずに困ることがある。特に命がかかわるような重大な問題が絡んでいる場合や、統合失調症のようにまずは薬物療法を受けることが先決となる場合は、適切な連携をしないと取り返しがつかなくなる場合があるので注意が必要である。

　また、カウンセリングは、自分自身の問題をオープンに話すことですっきりするという効果がある一方、依存したい気持ちを高めたり、子どもがえりする退行（たいこう）という現象がおきやすく、日常生活を送る場である学校で行うことが望ましくない場合がある。そのような判断がなされた場合、本人が時と場面を混乱することのないように外部の専門機関を紹介することが望ましい。

　ちなみに、ある臨床心理士が、統合失調症のケースを精神科医に紹介しなかったという理由で、所属している学会からペナルティーが与えられるということがあった。統合失調症は薬物療法を行うことが最優先であるにもかかわらず、それをしなかったことが問題になったのである。厳密にいえば、医師以外は診断行為をすることはできないが、ひとに接するわれわれは最低限度の見立てをする知識をもつことが求められているということであろう。特に、スクールカウンセラーとして学校現場で仕事をする人は、精神疾患の診断マニュアルであるDSM－5（アメリカ精神医学会作成の「精神疾患の診断・統計マニュアル第5版」）やICD－10（世界保健機関WHO作成の「国際疾病分類第10版」）なども一通り頭に入れておくことが必須である。

3. 外部機関の情報収集

　ひとくちに外部機関と連携をすると言っても、自分が何も知らない外部機関に子どもたちを紹介することには、ある種の不安がつきまとう。スクールカウ

ンセラーの場合、学生のうちにさまざまな外部機関で研修を積んでいることが多いことから、その中で信頼できる相談機関を見つける機会に恵まれている。しかし、教師となると、実際に外部機関まで足を運ぶ機会はほとんどない。当然のことながら、信頼できる精神科医などの心当たりもなく、途方にくれてしまうことがある。事実、教師から、「どこに紹介したらいいのかわからない」「どこにいい医師がいるのですか？」といった声が多く聞かれる。

　次のような実例は珍しくない。教師が、電話帳で精神科を探して子どもを紹介したところ、医師から「君は大丈夫」と安易に励まされたり、場合によっては「君は単なるわがままだから、病院に来ても治らない」とお説教をされてしまったという例である。その結果、その子どもは二度と受診したくないと思うほど傷ついてしまい、せっかくの治療のチャンスを逃してしまった上に、紹介した学校側への信頼感もなくなってしまった。

　問題に応じた紹介先の決定という面だけでなく、「この子はこういう性格だから、あの医師となら相性がいいのではないか？」といった判断までできることが望ましい。いずれにせよ、外部機関との間に信頼関係を築いておくと、さまざまなメリットがあることは確かである。

4. 連携のポイント

　基本的に、外部機関との連携は、学校側から子どもや保護者に外部機関を紹介することから始まる。そのときに、ただ外部機関を紹介するだけで、学校側で把握している情報をまったく紹介先に知らせないということが非常に多い。本人や家族の許可をもらった上で、紹介状を書いて情報を知らせると、紹介された側は、早めに適切な判断をする資料にすることができるのでメリットがある。ある精神科医は「学校の先生や心理士の人たちが子どもを医療機関に紹介してくるのはいいが、医師に何を求めているのかがわからないことが多い。薬物療法をためしてほしいとか、重大な病気があるのかどうか診断してほしいなど、具体的なことが紹介状に書いてあると助かる。医療にただ丸投げするよう

第28講
外部機関との連携

な態度には疑問を感じる」と話している。

　また、自閉症スペクトラム障害や注意欠如・多動性障害（AD/HD）など、いわゆる発達障害が疑われる場合、子どもたちの日常生活の場である学校での様子、成績などの細かい情報が役に立つことは多い。医療機関であれ、相談機関であれ、限られた時間しか子どもに接することはできないため、日常生活の情報は多ければ多いほど診断や治療に役立てることができる。結果的に、学校側は情報を提供したことによって、適切なフィードバックを外部機関から得る期待ができるのである。

　さらに、連携に際して見落とされがちなポイントがある。それは、「声なき者は見落とされる」という点である。強烈な不安を訴えたり、自殺をほのめかしたりするような子どもに対しては、学校側は積極的に外部機関と連携しようとする。しかし、本人は確実に困っているのに、さほどつらさを訴えない、あるいはことばにして表現することが苦手なタイプの子どもの問題は棚上げにされてしまうことが多い。学校現場の忙しさを考えれば、これはやむを得ない面がある。しかし、本人が学校と紹介先の機関にしっかりと連携してほしいというニーズがある場合、定期的に外部機関の担当者と連絡を取り合い、お互いの役割の再確認などをすることが望ましい。子どもたちは、大人がどれだけのことをしてくれるのか、鋭い目で見ているということを忘れてはならない。

　ただし、連携を望まない子どももいる。学校は日常であって、治療場面には日常をもちこんでほしくないというタイプの子どもである。学校側からみて、特に大きな問題がないのならば、それはそれで尊重すべきである。ただし、何気ない会話の中で、学校としても本人の気持ちに関心をもっているということや、心配しているということはそっと伝えてもよいかもしれない。

　2001年に出版された『臨床心理学』という雑誌の中で、一丸藤太郎が医療機関との連携に関して、家族が医療機関を受診することに抵抗を示す場合への対応などについて述べている。学校から精神科受診を勧められた子どもや家族は傷つく場合があり、そのような傷つきや抵抗感も尊重し、子どもや家族が納得できるまで十分な時間をかけてこそ、適切な連携、適切な治療が受けられる

という。連携を急がなくてはならないことがある一方で、抵抗があるまま受診しても効果は半減してしまうということである。

その他に、1998年に精神保健福祉士養成セミナー編集委員会が編集した『社会福祉原論』の中で「連携」について次のようなポイントがあげられている。

　①チームメンバーとの間に基本的な信頼関係を築く。
　②チームメンバー間の対等性を保証する。
　③他の専門職の職能や業務についての知識をもち、それを尊重する。
　④葛藤や対立が生じた場合、その解決のための手順を学習しておく。
　⑤チーム活動についての評価の場をもつ。

こうしたことからも、結局、地域の資源を利用するには、フットワークを軽くし、多くの情報を実際に肌で感じながら集めることが大切である。

また、様々な法改正により外部機関の機能が変化することもあるので、日頃から注意しておくとよい。

＜より深く学びたい人のための参考図書＞
氏原寛・成田善弘編著（2000）『臨床心理学③　コミュニティ心理学とコンサルテーション・リエゾン』培風館
乾吉佑他編著（2001）『臨床心理学・第1巻第2号　特集・スクールカウンセリング』「スクールカウンセリング」臨床心理学、1（2）、137－214、金剛出版
菅佐和子・木之下隆夫編著（2001）『学校現場に役立つ臨床心理学』日本評論社
平井正三他編著（2016）『学校臨床に役立つ精神分析』誠信書房

索　引

あ行

アタッチメント　61
アニバーサリー反応　193
維持　183
いじめ　10
いじめ防止基本方針　178
いじめ防止対策推進法　32, 178
一次的援助サービス　13
イリノイ式言語学習能力診断検査（ITPA）
　　161
医療機関　229
陰性症状　103
インテーク面接（受理面接）　142
インフォームド・コンセント　134
ウェクスラー　156
ウェクスラー式知能検査　158
内田クレペリン精神検査　154
うつ状態　68
うつ病（抑うつ障害）　77
遠城寺式乳幼児分析的発達検査法　160
援助サービス　12
援助チーム　17

か行

外的対象喪失　118
カウンセリング機関　230
加害者　33
学習障害（LD）　24, 53, 128
学習性無力感　84
過食症（神経性大食症）　94
課題対応能力　199
観衆　34
感情スキル　180
危機コンサルテーション　174
基礎的・汎用的能力　199
気分障害　72, 74, 94
キャリア　196
キャリア教育　196
キャリアプランニング能力　199
急性ストレス障害（ASD）　191
境界域　55
境界型パーソナリティ障害　72
拒食症（神経性無食欲症）　94
ギルフォード　156
虞犯少年　39

原因帰属　85
幻覚　103
健康観察　221
言語情報　142
言語スキル　180
幻聴　102
構成的グループエンカウンター　216
考想仮声　104
心のケア　187
個別コンサルテーション　174
コンサルタント　171
コンサルティ　171
コンサルテーション　171, 207

さ行

サーストン　156
再帰属法　88
作業（検査）法　153
作為体験　104
参加観察法　136
三次的援助サービス　15
時間見本法　137
思考吹入　104
思考奪取　104
思考伝播　104
自己理解　201
自己理解・自己管理能力　199
自殺　66

事象見本法　139
自然観察法　136
実験的観察法　136
質問紙法　150
児童虐待防止法　58
児童相談所　228
自閉症スペクトラム障害　24, 48, 75, 128
社会的養護　63
若年無業者　198
少子化　8
衝動性　45
情報収集　221
職業理解　201
職業レディネス・テスト　165
触法少年　39
人格　149
心的外傷（トラウマ）　188
心的外傷後ストレス障害（PTSD）　59, 191
新版K式発達検査　160
信頼性　132
心理アセスメント（心理査定）　126
心理教育　179
心理教育プログラム　179
進路に関する心理テスト　201
錐体外路症状　108
スーパーヴィジョン　171
ストレス脆弱性モデル　77

ストレスマネジメント教育 194, 216

性格 149

性自認 109

精神年齢（MA） 157, 158

精神発達遅滞 75

精神保健福祉センター 228

性的指向 109

性的マイノリティ 109

性の多様性 109

双極性障害 76

早期離職者 198

相互コンサルテーション 174

喪失体験 118

促進的援助 13

素行障害 75

ソーシャルスキル教育 179

た行

退行 231

代償行為 71

対象恒常性 125

対象喪失 118

多因子説 156

多職種との連携 211

タッチング 223

脱ゆとり教育 9

妥当性 132

田中ビネー式知能検査 158

チーム学校 174

知能 156

知能検査 157

知能指数（IQ） 158

注意欠如・多動性障害（AD/HD） 24, 51, 75

仲裁者 35

津守式乳幼児精神発達診断法 160

ディブリーフィング 191

適応能力 55

投影法 152

統合失調症 101

ドーパミン過剰説 102

特性論 149

特別の教科　道徳 180

トラウマ反応 188

な行

内的対象喪失 118

ニート 198

二次障害 47

二次的援助サービス 14

二次的被害 188

人間関係形成・社会形成能力 199

は行

発達障害 47, 75, 100

般化 183

犯罪少年　39

被害者　33

被害妄想　104

非言語情報　143

非言語スキル　180

非参加観察法　136

悲嘆（グループ）　118

悲嘆反応　118, 193

ビネー　156

不登校　21

フリーター　198

不良行為少年　39

文章完成法テスト（SCT）　153

ベンダー・ゲシュタルトテスト　154

傍観者　35

保健室　219

ま行

見立て　127

無気力　83

妄想　102

モデリング　90

モンスターペアレント　204

や行

薬物療法　69

養護教諭　219

陽性症状　103

要保護児童対策地域協議会　63

予防的援助　13

ら行

ラポール（信頼関係）　130

類型論　149

暦年齢（CA）　157

連合弛緩　102

ロールシャッハテスト　153

ABC

DSM-5　231

ICD-10　231

K-ABC心理教育アセスメント・バッテリー　161

MMPI（ミネソタ多面人格目録）　152

VPI職業興味検査　165

Y-G（矢田部-ギルフォード）性格検査　151

著者一覧

編著者

小林　朋子	静岡大学教育学部	第2、21、26講
徳田　克己	筑波大学医学医療系	第1講

執筆者（順不同　敬称略）

加藤　陽子	静岡大学非常勤講師・静岡県スクールカウンセラー	第3講
高橋　　稔	目白大学人間学部	第4、5講
水野　智美	筑波大学医学医療系	第6、15、18講
井出　智博	静岡大学教育学部	第7、13講
本橋　弘子	CLA湯島心理臨床研究所	第8、11講
菊池　春樹	東京成徳大学応用心理学部	第9講
沢宮　容子	筑波大学人間学群	第10講
人見健太郎	みとカウンセリングルームどんぐり	第12、28講
茅野　理恵	信州大学教育学部	第14講
向後　礼子	近畿大学教職教育部	第16講
石上　智美	目白大学保健医療学部非常勤講師	第17講
富樫美奈子	つくば国際短期大学	第19講
向後　礼子	近畿大学教職教育部	第20講
藤枝　静暁	埼玉学園大学人間学部	第22講
吉永　弥生	岩手県巡回型スクールカウンセラー	第23講
水野　雅之	東京家政大学子ども学部	第24講
藪田　真弓	静岡市スクールカウンセラー	第25講
白石　晴香	長野県飯山市立常盤小学校	第27講

		ここだけは押さえたい 学校臨床心理学　改訂版		
2018年9月30日	初版発行	編著者	小林	朋子
2020年12月30日	第2刷発行		徳田	克己
		発行者	鈴木	康一

発行所　　株式会社 文化書房博文社
　　　　　〒112-0015　東京都文京区目白台1-9-9
　　　　　電話 03(3947)2034　振替 00180-9-86955
　　　　　http://user.net-web.ne.jp/bunka/
印刷・製本　昭和情報プロセス株式会社
乱丁・落丁本はお取り替えします。
ISBN 978 － 4 － 8301 － 1310 － 9　　C 1011

|JCOPY|　＜(社)出版者著作権管理機構　委託出版物＞

　本書の無断複写は著作権法上での例外を除き禁じられています。複写される場合は、そのつど事前に、(社)出版者著作権管理機構（電話 03-3513-6969、FAX 03-3513-6979、e-mail: info@jcopy.or.jp）の許諾を得てください。

　本書のコピー、スキャン、デジタル化等の無断複製は著作権法上での例外を除き禁じられています。本書を代行業者等の第三者に依頼してスキャンやデジタル化することは、たとえ個人や家庭内での利用であっても著作権法上認められておりません。